BINGO SOCIALISTA:
Jornadas de Conocimiento Distorsionado

BINGO SOCIALISTA:
Jornadas de Conocimiento Distorsionado

Germinal Boloix

Germinal Boloix
2017

Copyright © 2017 por Germinal Boloix
Todos los derechos reservados. Este libro completo o cualquier porción, no puede ser reproducido o usado de ninguna manera, sin el permiso expreso por escrito del escritor, excepto para breves párrafos usados en un resumen del libro o en una revista científica o informativa.

Primera Impresión: 2017

ISBN 978-0-9958612-1-3

Germinal Boloix
email: gboloix@hotmail.com
Blog: gboloix.blogspot.com

Dedicación

A mi esposa Erlinda. Con su ayuda durante mis meses de convalecencia fue posible completar el libro.

Contenido

Germinal Boloix 3

Reconocimiento 9

Prefacio 11

Introducción 15

Capítulo 1: Comenzando la Jornada 19

Capítulo 2: Pequeña Venecia 'Paradisíaca' 29

Capítulo 3: Balneario de Pueblo Playero 34

Capítulo 4: Viajando a Pueblo Playero 46

Capítulo 5: Democracia en Valle Placentero 53

Capítulo 6: Sociedad en La Plaza Libertador 63

Capítulo 7: Política en La Universidad Central 76

Capítulo 8: Abogado del Diablo 87

Capítulo 9: Marxismo en El Instituto 96

Capítulo 10: Restaurante de los Manteles Verdes 106

Capítulo 11: Bingo en Pueblo Playero 118

Capítulo 12: Volviendo al Futuro 127

Capítulo 13: En Defensa de la Revolución Perdida 137

Capítulo 14: Tiempos Difíciles para el Régimen 147

Capítulo 15: Secuelas con Tiempos Duros para la Gente 158

Notas Finales 169

Epílogo 175

Reconocimiento

Quiero agradecer a todos los que de una forma u otra inspiraron la elaboración del libro. Asimismo, a las bibliotecas y cafeterías que me acogieron durante tantas horas de escritura.

Prefacio

El libro presenta las dificultades de un ciudadano común durante sus visitas a 'La Pequeña Venecia,' un país de América del Sur. La mayor parte de los eventos se ubican en un pequeño pueblo llamado Pueblo Playero, al noreste del país, cerca de la costa Caribeña. Se presenta una crítica muy dura contra el Socialismo Absurdo, un régimen político que promueve la propiedad colectiva de todos los medios de producción en nombre de El Pueblo. El Estado piensa que es el encargado de ejecutar las políticas en nombre de la colectividad. El libro presenta jornadas de búsqueda de conocimiento. Ese conocimiento está distorsionado, no es universal, depende de las condiciones culturales y contextuales. Sin embargo, la mayor parte del tiempo la gente no lee, esos que requieren del conocimiento para la toma de decisiones no están interesados en aprender; la humanidad no progresa por la falta de hábitos de lectura. Además, cada individuo piensa diferente y es difícil ponerse de acuerdo.

Otro aspecto que inspira el título del libro, es que La Pequeña Venecia ha sido administrada como una organización de bingo informal. Los socialistas dictan decretos a diestra y siniestra (equivalente a llamar números, encontrar patrones y definir ganadores) manejando los recursos del país como si fueran sus fondos privados; los ganadores son los más cercanos aliados del régimen, los perdedores son El Pueblo.

Escribir un libro con demasiada información no atrae a los lectores, luego de unas cuantas hojas abandonan. Sin embargo, hay una necesidad de producir historias cargadas con conocimiento, el entretenimiento puro y simple no es valioso, sirve solo para matar el tiempo. Es preferible producir conocimiento y entretenimiento al mismo tiempo, creando una mezcla útil que ayude a formar el criterio de los lectores. La interacción de los personajes y las ideas transmitidas enriquece la base de conocimiento del lector. Con argumentos simples es posible entender conceptos más complejos.

La historia solo cubre unos pocos aspectos de la sociedad, en particular su relación con la política. Capitalismo y socialismo son dos visiones opuestas para la distribución de recursos en la sociedad, que luchan por la hegemonía en el mundo moderno. La democracia es una forma de organización de la sociedad que permite definir múltiples estrategias para el bien de la población.

De la misma manera en que Karl Marx escribió un libro contra el capitalismo, este libro enfatiza los defectos del socialismo. Marx escribió un libro muy difícil de entender; éste trata de ser mucho más simple, atrayendo a lectores ávidos de conocimiento. Para aquellos que aman el socialismo, viajen al pasado 170 años, cuando Marx escribió su famoso libro, ¿Qué pensaban los capitalistas del libro? Probablemente lo mismo que pensarán de éste los socialistas. El autor promueve el inicio de un enfoque científico para determinar objetivamente los buenos y malos aspectos del socialismo; primeramente evitar que el socialismo sea una opción.

La inspiración es un sentimiento agradable. Tienes unas preocupaciones y de pronto encuentras las respuestas a tus dudas. Es cuestión de poner las ideas juntas, organizarlas y complementarlas. En algunos casos se comienza a construir una historia a partir de una idea inicial, en otros casos se construye el libreto con todos los elementos incorporados desde el principio, siguiendo un plan más preciso. Cuando se empieza con una idea, el inicio contiene unos pocos elementos del libreto, luego se comienzan a incorporar nuevos elementos hasta completar el trabajo final. La inspiración del libro sobrevino luego de jugar bingo informal con unos vecinos, en un desconocido balneario de un pueblo playero. El autor se dio cuenta a través de esas interacciones, conversaciones y diálogos, de cómo pensaba y se comportaba la gente en diversas situaciones. Las ideas iniciales fueron la semilla de una cascada de temas que fueron incorporados en la versión final de la historia.

Los diálogos son inventados, presentando argumentos en favor y en contra de los enfoques políticos. La mayoría de las descripciones y anécdotas son inspiradas en eventos reales, pero adaptadas de acuerdo al punto de vista del protagonista; el cuento es ficción. Las experiencias diarias del autor y la realidad del país le ha permitido inventar una historia con matices de verdad. Se deja a la discreción del lector establecer qué es real y qué es imaginario. Los nombres de los personajes son inventados, pero inspirados en personas reales que dejaron buenos recuerdos y el autor pensaba en ellos mientras escribía. Debe quedar claro que el libro no es un documental, aunque algunos pudiesen creer que los eventos son reales.

Es importante aclarar que cualquier generalización, tal como los militares, la policía, el gobierno, el socialismo, el capitalismo, los pobres, los ricos, la clase media y así sucesivamente, se hace a plena consciencia de que no todos los señalados son partícipes de la crítica. El ser humano generaliza por comodidad y cuando lo hace no distingue entre individuos. La generalización no es una buena herramienta en ambientes socio culturales, pero es la única de que disponemos para identificar culpables. El lector debe entender que hay gente buena y gente mala en el mundo y es imposible identificarlos uno a uno; al categorizar y generalizar se peca por exageración, pero no por omisión.

El libro fue escrito en tres idiomas por el autor, Inglés, Español y Francés, en ese mismo orden, con el propósito de difundir lo más rápidamente posible la situación precaria e inhumana que se vive en La Pequeña Venecia. El Inglés fue la primera elección ya que es el idioma mas importante de América del Norte. El Español fue la segunda selección automática ya que la historia se inspira en un país de América del Sur. Finalmente, el Francés fue la siguiente selección ya que es un idioma muy importante en América del Norte y el resto del mundo. Sin embargo, las tres versiones se fueron mejorando a la vez, éstas se revisaron antes de la publicación final en los tres idiomas. Hace falta remarcar que si es difícil escribir un libro en un solo idioma, imaginen las dificultades haciendo cambios en tres versiones simultáneamente.

Introducción

El protagonista de nuestra historia se llama Jeremy. El no planeó las jornadas que emprendió, una cadena de eventos decidió cuál era el próximo paso a seguir. Estaba en una ciudad Norteamericana cosmopolita un día y en un pueblo Suramericano unos días más tarde. Se movilizaba de la capital al pueblo ida y vuelta siguiendo sus instintos. Estaba en busca de algo difícil de encontrar: conocimiento universal. En cambio encontró conocimiento distorsionado. El conocimiento estaba distribuido entre la gente y ninguno tenía la respuesta completa. El conocimiento era sobre política y sociedad, primeramente socialismo, un enfoque político que castiga al individuo en favor de la colectividad. En segundo lugar el capitalismo, para contrastarlo con el socialismo.

La descripción de las jornadas de Jeremy durante sus visitas incluye diálogos y análisis con personas educadas en lugares atractivos de La Pequeña Venecia. La capital es una ciudad cosmopolita con más de cinco millones de habitantes y Pueblo Playero está ubicado a 200 kilómetros de la capital y con solo diez mil habitantes. Jeremy está denunciando a una sociedad complaciente que permitió las barbaridades del Socialismo Absurdo.

Su destino era la principal preocupación, vivía en un país que pudo ser una moneda de oro pero se había convertido en una piedra rustica. Los últimos 18 años han sido los peores para el país, improvisadores de oficio que vienen de la izquierda asaltaron el poder y destruyeron el aparato productivo. El Socialismo Absurdo es una forma política retrógrada para estructurar una sociedad, condena a sus miembros a la dictadura del Proletariado. En el mundo existen solo unas pocas experiencias de sistemas Socialistas Ortodoxos con consecuencias desastrosas para la población. La Pequeña Venecia es el ejemplo que no debe seguirse.

En La Pequeña Venecia la falla no es solo del socialismo, sino de los distintos cómplices del régimen. No es conveniente generalizar, pero hace falta identificarlos, el daño es considerable. Primeramente los militares, con la estrategia cívico-militar, se han beneficiado directamente en sus billeteras con la riqueza que no le llegó a El Pueblo. Además, se convirtieron en los verdugos del pueblo, reprimiendo todas las manifestaciones opositoras junto con la policía y se mantuvieron apáticos a favor del líder en momentos cruciales de toma de decisiones para un cambio en el país. En segundo lugar, muchos políticos de oposición fueron permisivos, aceptando lo inaceptable. Muchos otros ciudadanos son también culpables por apoyar a un mal régimen, son gente que no le importa lo que pase, que piensa que la política no es su responsabilidad, algunos no quieren colaborar en la sociedad, solo se interesan en trabajar y disfrutar de la vida. Finalmente, hay grandes y pequeños empresarios que también se han beneficiado de la debacle económica, haciendo negocios usando sus contactos con el gobierno. El resto es gente terca que no tiene mejores ideas y se mantienen atados a creencias equivocadas.

El régimen puede considerarse como el gobierno más discriminador del mundo moderno. Jeremy es un ciudadano que ha sido golpeado fuertemente por el régimen socialista que gobierna la vida de unos 35 millones de habitantes. El conoce muchos casos de discriminación en el país, similar a la que los Alemanes aplicaron a los Judíos. Los que se oponían al régimen tenían que vivir con bajos ingresos pues los administradores los cazaron como perros con sarna.

Quería entender qué necesita una sociedad; sabe que es una organización muy compleja y que se requieren varios libros para documentar todos los aspectos; tomaría años de estudio definir las necesidades de una sociedad. La técnica utilizada por Jeremy fue básicamente diálogos; identificar a personas que tuvieran algún conocimiento, hablar con ellos para conocer su posición en ciertos asuntos sociales y documentar sus conclusiones para el goce de la humanidad. Sus jornadas fueron útiles para limpiar el conocimiento distorsionado que estaba disponible.

También presenta sus sufrimientos relacionados con la escasez de comida y medicinas durante los últimos tres años de políticas erradas de Socialismo Absurdo. Es la primera vez en más de sesenta años que la gente sufre por una mala administración del país; es culpa del gobierno. La Pequeña Venecia es uno de los países más violentos del mundo, al menos 28 mil personas fallecen a consecuencia de la violencia cada año; si en 1987 hubo alrededor de 3 mil muertes, el incremento hasta ahora ha sido de más de 900% y la población no ha ni siquiera duplicado. Una muerte violenta no le sucede a todo el mundo pero la hambruna golpea a la gente todos los días.

Sus jornadas comenzaron con aspectos relativos a la comprensión de la sociedad y la justicia. Es fundamental entender qué es una sociedad, cuáles son sus características, cuáles son los deberes y derechos de los ciudadanos. El tema de la justicia está íntimamente relacionado con la sociedad, la gente necesita oportunidades para contribuir en sociedad. La justicia no debe servir para maltratar a una minoría favoreciendo a la mayoría; la noción de mayoría es un invento político con el fin de controlar la sociedad y mantenerse en el poder.

El trayecto siguió con otros tópicos relacionados con la política: democracia, socialismo y capitalismo. La democracia es la forma de gobierno más penetrante en el mundo, inclusive los dictadores creen en ella. Con todos sus defectos, la democracia es el mejor enfoque político para administrar una sociedad. Socialismo y capitalismo son dos puntos de vista opuestos que tratan de tener preponderancia en el mundo. El capitalismo es un enfoque económico muy popular mientras que el socialismo es un invento de unos intelectuales del proletariado para tomar el poder. El capitalismo tiene muchos defectos y necesita reinventarse. El socialismo es defectuoso, su imperfección es científicamente demostrable. Lo único social del socialismo es el nombre; no es para ayudar a los pobres o mejorar la justicia, es más bien lo contrario.

Se presentaron algunas nociones sobre Marxismo para señalar el verdadero origen de las ideas socialistas. Aunque las ideas socialistas han estado presentes por varios siglos, fue con el lanzamiento del Marxismo que el socialismo se popularizó. Los teóricos socialistas tendrán que hacer un gran esfuerzo para relanzarlo, ha perdido popularidad al no tener ejemplos exitosos. Los peores ejemplos de Socialismo Absurdo están en pleno desarrollo en algunos países y han dejado mucho sufrimiento en la población.

El presenta varias anécdotas relacionadas con experiencias personales y sus relaciones con familiares, amigos y conocidos. Se describen algunas características de la idiosincrasia de la gente del país; la idiosincrasia determina porque vivimos este desastre. Finalmente, Jeremy pasó por una serie de eventos que transformaron sus sufrimientos en pesadilla; se produjo un golpe de estado para cambiar la estructura política y retomar la democracia en el país. Jeremy sintió el peligro en su propio entorno, recibió amenazas indirectas de muerte por su participación en estudios políticos. Sus jornadas terminaron de regreso al hogar, seriamente golpeado.

Se utilizó un enfoque 'lúdico' o de juegos, comparando éstos con la sociedad, argumentando la pertinencia del capitalismo en lugar del socialismo. Jeremy prestó atención a las actividades realizadas por los jugadores informales y a sus procedimientos de toma de decisiones. Con un juego tan simple como el bingo, donde la interacción es limitada, o un deporte como Fútbol, donde las decisiones deben tomarse en segundos, pudo establecer cuáles fueron los argumentos que justificaban las experiencias y las creencias sobre lo que eran buenas o malas prácticas. Por ejemplo, cómo pensaban de la organización del juego, cómo manejaban los reclamos de los jugadores, cuál era la idiosincrasia de la gente, así como sus valores y procesos de toma de decisiones.

Hablar sobre juegos en una analogía con la sociedad permite a los amigos y vecinos participar en conversaciones simples. Jeremy encontró una similitud increíble entre las ideas de la gente cuando juegan y sus creencias cuando apoyan a un régimen político errado como el Socialismo Absurdo que gobierna La Pequeña Venecia. Experiencias y comparaciones con juegos contrastan modelo y realidad.

Capítulo 1: Comenzando la Jornada

Caminando por una conocida Metrópolis, Jeremy parecía feliz. Era en el centro congestionado de la ciudad, que suele visitar de vez en cuando, especialmente durante los meses de verano. Estaba reflexionando sobre sus problemas personales, su existencia, sus dificultades, su vida, la sociedad, la política. Por qué envejecer significaba vivir sus experiencias más difíciles, incluyendo sus relaciones con familiares y amigos. ¿Por qué la sociedad en la que solía vivir se estaba deteriorando tan rápido? ¿Por qué un mal gobierno quiere mantenerse en el poder independientemente de su caótica administración? ¿Qué pueden hacer los ciudadanos lúcidos para influenciar a los tomadores de decisiones a mejorar la sociedad?

Hoy día, luego de muchos años de vida productiva, Jeremy había comenzado sus jornadas interesándose en Juegos y Sociedad. Los juegos son actividades estructuradas o semiestructuradas realizadas usualmente con propósitos de entretenimiento, pero hay aplicaciones científicas de los juegos que son útiles. La mayoría de los juegos han sido inventados para una participación competitiva con ganadores y perdedores. Hay juegos que son educativos, sirven de guía al comportamiento, y otros son solo para pasar el rato.

A la gente le gustan los juegos que implican ganadores y perdedores, y somos eternamente optimistas de que podemos ser ganadores, independientemente de que tan poca oportunidad tengamos de ganar. Hay juegos que se hacen con un propósito, tales como simulación, entrenamiento, análisis o predicción. Cuando Jeremy estudiaba en la Universidad, recuerda algunos cursos donde el tema era simulación de procesos o empresas en el libre mercado. En uno de los cursos, la idea era crear grupos de estudiantes administrando una compañía y compitiendo en el libre mercado. Usando varios parámetros de inversión e investigación, costos y precios, la simulación producía una evaluación y la compañía mejor valorada era la ganadora. En esa época había otros cursos que explotaban las ideas de modelos y simulación, usando juegos.

El imaginaba la posibilidad de entender las desventajas del socialismo usando una plataforma o analogía con un juego. El estaba claro que el enfoque propuesto no era un enfoque revolucionario, era solo un ejercicio intelectual que daría una mejor comprensión del problema. Es conveniente aclarar que la analogía, comparando juegos con estructuras políticas, representa una ironía ya que en realidad los juegos no suelen tener preferencias políticas.

El quería saber qué sentía la gente sobre los juegos, qué decisiones tomaban, qué importancia mostraban en algunas etapas, y cuáles críticas y evaluaciones hacían al final. ¿Qué hace la gente mientras juega? ¿Quién está involucrado en las decisiones? ¿Cómo entienden el juego? ¿Cómo organizan el juego? ¿Cómo seleccionan sus jugadas? y ¿Cómo reaccionan ante la crítica? son algunas consideraciones que Jeremy creía importantes.

Los juegos podrían usarse con un propósito, como un facilitador de relaciones, contrastando con las preferencias políticas y de vida y cómo son interpretadas y decididas por la gente común. Usando juegos de sociedad tales como bingo, representaba una oportunidad de observar la interacción social. Modelando la sociedad a través de juegos le permitiría estudiar algunas características de la gente que sigue atada al régimen del Socialismo Absurdo. Un deporte como el fútbol o un juego de mesa como el bingo, podría ayudar a demostrar las inconsistencias de una estrategia política comparando el socialismo con el capitalismo. Presentando las ventajas y desventajas de esas estrategias políticas aplicadas al juego podría aclarar algunos aspectos indeseados. En principio, un deporte o juego de mesa no está asociado con política, pero sería interesante notar cual es el efecto de estrategias políticas absurdas aplicadas al juego.

Concentrado en sus pensamientos personales y filosóficos, Jeremy deambulaba entre mares de gente que se aglomeraban en todas las esquinas para cruzar la calle, cuando inesperadamente reconoció la cara de un amigo que pasó a su lado, "Hola Bertold, ¿Cómo te va? Pensaba que estabas de viaje al sur."

"Hola, yo pensaba también que tú estabas por el sur. Bueno, es que tengo problemas con mis rodillas. Después de fracasar en el 'Camino de Santiago' tengo problemas y necesito pronto otra operación."

"Te dije que tuvieras cuidado con esa caminata por España. Te sugerí que alquilases un burro o llevases una bicicleta, ¿te acuerdas? Yo estaba echando broma claro, pero era muy fuerte para tus piernas caminar tantos días consecutivos a tu edad, y ya tenías problemas de rodilla en esa época." Recordó Jeremy.

Por cierto, Bertold no apreció la sugerencia de alquilar el burro, pero reconoció que Jeremy estaba en lo correcto. A 80 años de edad y con problemas de rodilla, no era prudente emprender un viaje de 20 días consecutivos y al menos 6 horas diarias de caminata. Bertold tuvo que parar la marcha luego de pocos días. Tomó un vuelo de regreso a su país y procedió a su operación de rodilla. Jeremy ha conocido a Bertold por más de 30 años, ambos son ingenieros y trabajaron para la misma compañía por muchos años. Ambos visitan los mismos países y suelen verse una o dos veces al año. Jeremy aprecia bastante a Bertold, es un personaje con pensamientos profundos y buena gente.

Jeremy quería intercambiar ideas sobre los problemas de las sociedades, y le preguntó, "¿Cuál dirías que es una característica importante de una sociedad?"

Su amigo reflexionó unos momentos y dijo, "La gente de una sociedad reconoce ciertas reglas de conducta como obligadas y en su mayor parte actúan de acuerdo con ellas. Te recuerdo que la conducta es muy importante cuando se vive en una sociedad justa; sin reglas de conducta es imposible avanzar."

"¿Pero qué le pasa a los que desobedecen las reglas?" Preguntó Jeremy.

"Los que desobedecen son apartados, discriminados. Sin embargo, el Cristianismo propone buena vida para todos y clama por evitar rechazo por mal comportamiento. Los cristianos suelen dar una segunda oportunidad a esos que se portan mal."

Jeremy que no es creyente replicó, "Pero algunos son mala gente, hieren fácilmente a los demás, para mí no merecen simpatía."

"Demos una segunda oportunidad a todos, después se justificaran los castigos."

La gente coopera con los demás para avanzar el bienestar de los miembros de la sociedad, según Jeremy; la cooperación es la mayor parte de las veces bienvenida. La cooperación es una forma de solidaridad, como queramos interpretarlo.

Su amigo, demostrando sus pensamientos profundos sobre comportamiento, dijo, "No cooperar es distinto de mal comportamiento. Castigos relacionados con falta de cooperación deberían ser más suaves que los crímenes, por ejemplo, que son abominables."

Usando su reciente comprensión filosófica sobre la sociedad Jeremy agregó, "Aunque una sociedad es un proyecto cooperativo con ventajas mutuas, está marcado también por el conflicto. Hay intereses que no necesariamente todos comparten."

"Muchos seres humanos se caracterizan por ser egoístas y permanecer aislados, otros sin embargo quieren participar en la comunidad, por lo tanto es difícil tratar tantas creencias y personalidades diferentes."

Jeremy quería saber qué pensaba Bertold sobre la justicia.

Su respuesta fue, "Justicia es la teoría legal o filosófica con la cual se administra lo que es correcto."

"Pero, ¿Qué es lo correcto? ¿Quién decide qué es correcto y qué no lo es?"

"La justicia depende de la cultura, por lo tanto de la sociedad donde vivimos." Recalcó Bertold.

Jeremy tiene muchos ejemplos simples de situaciones injustas. Uno se refiere al transito de vehículos, un peatón cruza una calle en una esquina con el semáforo a su favor, un auto le toca la corneta y le pasa casi por encima cruzando la esquina; por qué el automovilista es tan inconsciente? Otro caso es la regla de caminar por la derecha en todos los pasillos o aceras, mucha gente no le hace caso a una regla tan simple; esa gente sabe la regla pero no la sigue por testarudez; quién puede con esa gente?

Jeremy explicaba la situación actual de racionamiento del agua en La Pequeña Venecia, impuesta por el gobierno; como sufría la gente todos los días esperando llenar los tanques de agua ubicados en las terrazas de los edificios. Los encargados de abrir las llaves de agua para los apartamentos tenían criterios distintos, unos eran racionales, sabían cuando entraba agua de la calle y eran más flexibles con el horario. Pero había una señora de edad que era totalmente inflexible cuando le tocaba administrar las llaves de agua, ella aplicaba una sola regla, media hora exacta, sin tomar en cuenta si entraba agua o no; más de una vez Jeremy se quedó enjabonado sin poder enjuagarse en la ducha, la vieja había cerrado las llaves. El colmo de la situación sobrevino cuando establecieron solo 10 minutos de agua para los apartamentos, la vieja argumentó que por vivir en un piso alto no le llegaba el agua tan rápido, que por gravedad llegaba primero a los pisos bajos, y que si ella no tenia tiempo de llenar sus envases, pues que nadie tuviera agua; por suerte no le hicieron caso, en diez minutos Jeremy llenó sus envases y pudo hacer sus necesidades. Es un ejemplo simple de lo que ocurre en la sociedad, la gente no tiene cerebro y aplica las reglas mas simples para no equivocarse.

Bertold explicó que las sociedades se estancan por culpa de la gente que no obedece las reglas sencillas. Toda política debe estar sustentada en la naturaleza humana; los humanos no aprenden con facilidad, no hay remedio. La gran falla de los sistemas socialistas, comunistas o anarquistas es que no entienden que el ser humano es defectuoso y demasiado terco.

Los ojos de Jeremy brillaron de pronto, se dio cuenta de la verdad que expresaba su amigo. Era totalmente cierto, los sistemas políticos se basan en premisas falsas sobre los seres humanos. El socialismo considera a los humanos como seres incapaces de progresar por si solos y promueve las ayudas sociales a todos por igual. El comunismo considera que los humanos son perfectos, se deben comportar siempre bien cumpliendo las reglas sociales y no tienen ambiciones. El capitalismo por otra parte nos considera a todos unos amasadores de dinero, artículos, propiedades, que nos gusta gozar de la vida a todo tren. El anarquismo en cambio considera que somos seres educados que no necesitamos autoridades.

Bertold estaba de acuerdo, los políticos no han sabido entender al ser humano. Los únicos parámetros que manejan los socialistas son los niveles de pobreza y una concepción errada de la igualdad. Es cierto que el capitalismo no ha solucionado los problemas, pero eso no hace al socialismo una solución. La cultura también es muy importante, hay que entenderla muy bien en el contexto de cada país.

"¿Quiere decir esto que hay muchas culturas y que las sociedades pueden tener diferentes reglas?" Exclamó Jeremy un poco confundido.

"Por supuesto," dijo Bertold, "Los principios y valores son diferentes dependiendo de qué principios éticos o religiosos se siguen en cada país."

"¿Podría afirmarse que la justicia es la concepción del bien común?"

"Una sociedad es una colectividad, por lo tanto es necesario reconocer lo que le pertenece a cada uno, establecer qué es lo que se merece," completó Bertold.

"¿Significa que una sociedad está supervisando constantemente a sus ciudadanos y determinando qué es lo que los individuos merecen o no?"

"Por supuesto," dijo Bertold, "Es una manera de promover comportamiento auto-regulado, la sociedad requiere algún tipo de regulaciones para ser justa. La justicia se relaciona con varios conceptos que encontramos en filosofía, ética, religión y leyes. Por ejemplo, verdad, justicia, libertad, fraternidad e igualdad."

"Pero escucha, en muchos casos la reglas no son aplicables, dependen del contexto, tomemos el caso de un stop de autos, debería ser diferente durante el día que durante la noche; es obligatorio detenerse completamente durante el día, pero tarde por la noche la regla debería ser menos estricta, no hay necesidad de parar completamente, puede reducirse la velocidad solamente," dijo Jeremy, que ha sido toda su vida un rebelde.

Bertold es menos rebelde que Jeremy, el tiene tendencia a ser mas sumiso y contestó, "comprendo tu punto de vista, pero las sociedades tienden a simplificar las normas y prefieren no tomar en consideración el contexto."

Jeremy no estaba de acuerdo con la falta de consideración por el contexto y continuó, "definitivamente, las sociedades requieren que se considere el contexto, hay muchos casos de personas que han sido castigadas por la falta de comprensión del contexto."

Bertold completó la idea diciendo que tomará muchas generaciones poderlo resolver esos asuntos tal como se sugiere.

"Las nociones de justicia están relacionadas principalmente con otros individuos, sin embargo, la naturaleza y la sociedad son impactadas por las decisiones tomadas" dijo Jeremy, demostrando sus conocimientos amplios del globo terráqueo.

"Hoy que la naturaleza ha sido golpeada por los cambios climáticos, es importante considerar el impacto de las decisiones tomadas por la sociedad."

"Pero," dijo Jeremy, "Los humanos vivimos en un ambiente delicado, cualquier anomalía tiene repercusiones y consecuencias peligrosas."

"Los principios cristianos promueven la estabilidad, de manera que el mundo no se perjudique, y por lo tanto los seres humanos permanezcamos seguros" dijo Bertold..

Recordando algunas lecturas sobre John Rawls, Jeremy dijo, "El propuso un modelo para una sociedad justa, definiendo la justicia con lo que es correcto, estableciendo el rol de la justicia en la cooperación social."

"Tal como dijiste, el primer objeto de la justicia, según Rawls, es la estructura básica de la sociedad: Las Instituciones y la Constitución."

Bertold reflexionó unos momentos, eran muchos conceptos a la vez, "La estructura básica de la sociedad está relacionada con la ley y el orden, por lo tanto involucra la Constitución. Las Instituciones son las encargadas de exigir el cumplimiento de lo que establece la Constitución."

"¿No está esa afirmación muy predispuesta hacia la Constitución?"

"Yo conozco dos o tres Constituciones, una es relativamente corta, la Norteamericana. Las otras que conozco son de América del Sur, y son exageradamente largas."

"El papel admite cualquier cosa. No porque una Constitución sea larga, significa que sea buena para la gente" dijo Jeremy recordando a Marshall McLuhan expresando que el medio es el mensaje.

Bertold estuvo de acuerdo, "Estás en lo cierto, la Constitución debería estar escrita en términos genéricos para permitir cierta flexibilidad, pero a la vez debe ser precisa, para evitar salidas no deseadas. Por ejemplo, evitar que un gobierno incapaz permanezca indefinidamente. Es conveniente balancear enfoques Democráticos, Capitalistas y Sociales en la sociedad, una buena mezcla hace la diferencia."

"Sería bueno aclarar que el capitalismo no es una estrategia política, sin embargo, debido a que mantiene una visión del mundo opuesta al socialismo, es una buena estrategia a seguir."

"Lo principal es la cultura del país, cuáles son las costumbres, cómo se realizan las transacciones, cómo se relacionan con los demás. Los cambios culturales deben ser lentos, no hay que precipitarse. Mantengan lo bueno y quiten lo malo." Continuó Jeremy.

Bertold explicó que la justicia como acto equitativo generaliza y lleva a un nivel superior de abstracción la concepción tradicional del contrato social. Este contrato fue inventado muchos años atrás para enfatizar el rol del Estado y limitar la libertad de los individuos. Si las leyes e Instituciones son injustas, deben ser reformadas o eliminadas. Por lo tanto los contratos sociales deben ser revisados periódicamente.

Y añadió, luciendo como un profesor dando una clase magistral, "Es la eterna lucha entre individuos y Estado. Aquellos que se benefician del Estado tratan de mantener sus ventajas. Aquellos que no se benefician son los que pueden comenzar la lucha contra la injusticia."

"Rawls dijo que la justicia es la primera virtud de las Instituciones Sociales, al igual que la verdad es la primera virtud de los sistemas de pensamiento." Recordó Jeremy.

"En la práctica es casi imposible ser justo" afirmó Bertold. Y continuó diciendo que siempre habrá alguien que se opone a cierta decisión, la gente nació para contradecir. La verdad es también difícil de generalizar, todo no es solo blanco y negro, hay tonalidades.

En tono desafiante, Jeremy dijo, "De acuerdo con eso, justicia y verdad son conceptos poco sólidos. Por lo tanto, es imposible obtener consenso absoluto."

"Es por eso que hay tantos problemas en las sociedades, lo básico tiene incoherencias."

Según Bertold, la justicia es un concepto difícil, cualquier cosa que sea justa para uno es injusta para otro y la gente tiene distintos puntos de vista en los mismos temas; la gente analiza las cosas de acuerdo con sus experiencias propias y su comprensión. Si es difícil hablar sobre justicia al nivel de la sociedad, imagínese lo difícil que resulta en los grupos más pequeños, tales como la comunidad y la familia. Las sociedades producen normas escritas, mientras que las familias no siguen normas estrictas. Cada familia establece sus propias reglas.

"Ese es el motivo por el cual la gente se mete en problemas solo al salir a la calle. La gente quiere imponer sus deseos, según su entendimiento, lo más probable distinto al de los demás" dijo Jeremy recordando su experiencia dejando pasar a un miembro de una banda mafiosa de mas de 80 años que le golpeó el carro con el puño sin justificación en el estacionamiento, diciendo que frenó muy cerca de él; el viejo decía, "Conozco la ley, conozco la ley." Y Jeremy le contestaba, "No me estás enseñando nada."

Dicen que la justicia del pobre y de los socialistas es la envidia, recordó Jeremy. Está claro que cuando nacemos, existe un contexto establecido, los que tienen más quieren mantener sus ventajas y los que tienen menos desean mejorar. Para Jeremy, justicia no es quitarle a los ricos para darle a los pobres, justicia es darle oportunidad a los pobres para que con su propio esfuerzo vivan mejor en la sociedad. Lamentablemente, los pobres piensan que si otro tiene y ellos no tienen, entonces que nadie tenga; por supuesto nos referimos a los pobres indignos.

"La gente habla sobre la importancia de la educación, la necesidad de que todos aprendan y se comporten de una mejor manera." dijo Bertold con sus dotes pedagógicas.

Jeremy, que también ha sido profesor y ha confiado en la educación por muchos años, dijo, "La educación tiene ciertos límites, es posible enseñar oficios y técnicas, pero cuando llegamos al comportamiento, hay muchos que no logran aprender, tienen instalado el mal comportamiento en su genética."

Bertold que también está al día en todos esos conceptos, coincidió con Jeremy y le dijo, "Según los estudios más recientes, la genética tiene un impacto muy fuerte en el comportamiento; podemos nacer totalmente insensibles o al contrario, demasiado sensibles. Venimos al mundo con esas virtudes o defectos."

"La suerte es que con el tiempo, la gente puede mejorar sus defectos y amoldarse a la sociedad. Pero es un trabajo fuerte que requiere de enseñanza constante." dijo Jeremy dudando de su afirmación.

"¿Pero cuál es esa enseñanza constante? ¿Quién le enseña esa manera de comportarse? ¿Los padres? ¿En la escuela?" dijo Bertold demostrando sus dotes de investigador.

"Hay mucho énfasis en los padres, ¿pero quién le enseñó a sus padres y abuelos? Por otro lado, ¿quién le enseñará a sus hijos y a sus nietos? ¿Quién va a supervisar las habilidades de los padres?" preguntó Jeremy.

Bertold continuó, "Según esto, la justicia en general mejorará muy lentamente. Los padres improvisan pues no poseen las habilidades necesarias, por lo tanto no se puede esperar mucha mejora. La escuela está muy atrasada en cuanto a comportamiento, dejan esa responsabilidad a la familia. Tomará muchas generaciones mejorar en términos de comportamiento y justicia."

Jeremy se sintió deprimido, siempre estuvo muy interesado en la educación y ahora resulta que no hay quien eduque a los que nacen con problemas de comportamiento. "Por eso es que los países no avanzan, le dan el mando a individuos con problemas de comportamiento, que no tienen sentimientos, que maltratan a todo el que se les atraviesa."

Bertold trató de explicar que la situación no era tan grave, que los cristianos entienden que si dios lo quiso así, sería por algo. "El mundo está poblado por hijos de dios, debe haber un motivo profundo por el cual nacen esos tipos de líderes, probablemente para darle una lección a los demás y que no se repitan los mismos errores."

Jeremy reflexionaba en el sentido de que mucha gente no tiene tiempo de aprender o convertirse en intelectuales. La mayoría de la gente está solo para sobrevivir, no tienen tiempo para el conocimiento, no tienen tiempo para leer o pensar, olvídense de sus habilidades de escritura. Otros son simplemente flojos, no tratan de aprender o seguir un camino intelectual. Muchos gastan el tiempo sin hacer esfuerzo, solo trabajan para ganar dinero, para vivir mejor económicamente, una mayoría está viva solo para sobrevivir. Recuerden que la mayoría de los recién graduados desean vivir el resto de su vida sin volver a estudiar, piensan que el objetivo era graduarse y tener suficiente dinero para vivir, sin tocar otro libro o investigar nuevos enfoques.

La conversación sobre justicia continuó por varios minutos más, Bertold siendo el más activo. Explicaba que según Rawls, la noción de justicia niega que la pérdida de libertad para algunos sea aceptable a cambio de mayores beneficios obtenidos por otros, y que la libertad no se negocia. Si los pobres obtienen beneficios económicos, los ricos y la clase media no deberían perder su autonomía. Una injusticia es tolerable solo cuando es necesario evitar una injusticia mayor. En una sociedad justa, las libertades de los ciudadanos se toman como un derecho.

"En tu próxima visita a La Pequeña Venecia" dijo Jeremy, "no dejes de darme una llamada. Chequea si estamos por allá, será un placer tener otra conversación contigo. Has demostrado cuán importante es la noción de justicia para los seres humanos. Solo pensar en la subsistencia, no es aceptable para los humanos, deben haber enfoques claros sobre justicia para todos. Aquellos que aman el conocimiento deben disponer del tiempo suficiente para aprender."

Reflexionando sobre la conversación con Bertold, los temas principales fueron justicia, sociedad, naturaleza humana y educación. Una sociedad debe reconocer sus características culturales para definir una estrategia que mejore la prosperidad humana. El tema de comprender el comportamiento humano en una sociedad es clave para elegir una estrategia política. El comportamiento afecta las relaciones personales en mayor grado. En una familia, el mal comportamiento causa el rompimiento de las relaciones. En una sociedad, el mal comportamiento destruye también el capital social y humano.

Capítulo 2: Pequeña Venecia 'Paradisíaca'

Imaginen miles de kilómetros de bellas playas, miles de kilómetros cuadrados de selvas, cientos de ríos navegables, cientos de montañas en Los Andes y el Norte del país, miles de kilómetros cuadrados de llanos, miles de pequeños pueblos y cientos de ciudades. Imaginen cientos de miles de gente buena, deseosas de vivir y dejar vivir. ¿Dónde estoy? Debe haber centenares de países que pueden describirse con esas palabras. Pero Jeremy pensaba en La Pequeña Venecia, un bello país de América del Sur. Es un país con mucho potencial para producir riqueza y prosperidad, un país capaz de ofrecer grandes oportunidades a sus ciudadanos. En una palabra, un Paraíso.

Hay dos componentes que hacen la diferencia entre un paraíso y un infierno: política e idiosincrasia. Dependiendo del gobierno, un país puede desarrollarse o no, puede prosperar o no. La Pequeña Venecia tiene mucho potencial, sus recursos humanos y naturales así como las bellezas geográficas lo hacen único, además es uno de los mayores productores de petróleo del mundo y posee grandes cantidades de riqueza minera. El futuro del país depende de cómo reaccione la gente ante la injusticia; la idiosincrasia del pueblo hará la diferencia. En La Pequeña Venecia ha habido muchos tipos de gobierno: democracia, dictadura, y últimamente socialismo.

Jeremy es un hombre maduro, pero se siente muy joven. Recientemente, mientras veía un video de Mick Jagger, se sintió cantando 'Simpatía por el Diablo' en el escenario, con mucho pelo y cantidad de energía. Jeremy pensó, ¿Por qué Mick ha tenido al menos seis esposas y será padre a los 72 años y yo me he casado solo una vez? Ya lo sé, ya lo sé, es multimillonario. Jeremy es alto, saludable, buen mozo, calvo, y sin dinero; una mayoría de mujeres querrían abrazarlo y sacarlo a pasear, no creen? Jeremy ha tenido una vida normal, pasando por todas las etapas de la vida: niñez, adolescencia, adulto joven y adulto maduro; al menos conoce todas las experiencias de vida.

Tuvo la excelente oportunidad de tener una buena educación formal, estudió en la Universidad y obtuvo los más altos grados. Trabajó muchos años como ingeniero y se especializó más tarde en computación. Trabajó en la enseñanza e investigación la mayor parte de sus años productivos. Fue siempre un trabajador asalariado, nunca fue un empresario. Trabajó para la Universidad la mayor parte del tiempo.

Se considera un Niño Indigo, esos niños nacidos con mayor sensibilidad y mente más clara que otros niños de la tierra. Algunos dicen que los Niños Indigo son la nueva etapa evolutiva de la raza humana, tienden a ser más comprensivos y creativos que sus compañeros. Hay un tipo de reacción intuitiva de las cosas que los hace únicos. Entre tantas cosas, su inteligencia es impresionante, suelen mejorar diariamente todo lo que hacen o tocan en el trabajo o en la comunidad. La inteligencia es la capacidad de encontrar mejores formas de hacer las cosas o reaccionar instantáneamente y correctamente a los eventos inesperados.

Reconoce que algunas veces sus reacciones son lentas y que no propone mejoras todo el tiempo, sin embargo, recuerda varias experiencias exitosas y por supuesto algunos errores. Jeremy piensa que aprende de los errores, mejorando las malas decisiones la próxima vez que usa esos conocimientos; inclusive puede cortar con una amistad si se justifica para su bienestar mental. En muchas ocasiones prefiere retirarse en lugar de mantener una relación inadecuada.

Durante el terremoto de 1967, de una magnitud de 6.7 grados en la escala de Richter, mientras cenaba con sus padres, fue él quien actuó correctamente y tomó el liderazgo; se levantó y salió del comedor hacia el corredor cercano. Esperó afuera, mientras sus padres lo seguían sin saber qué hacer. Recuerda las paredes del corredor balanceándose hacia delante y hacia atrás, y el ruido crujiente en los alrededores, esa fue su primera experiencia con un terremoto. No fue su última, de paso.

Está orgulloso de sus padres, se educaron por su cuenta, no tuvieron oportunidad de pasar por una educación formal; solían leer buenos libros y artículos y mejoraron con sus experiencias de vida. Su madre era la que más hablaba y contaba sus anécdotas, mientras tanto su padre permanecía más bien en silencio. Sus padres lo ayudaron a convertirse en un estudiante y profesional exitoso, no precisamente por los consejos sobre el material técnico, sino porque le aconsejaron la importancia del conocimiento. De paso, el principal ingrediente de la filosofía es el conocimiento.

Sus padres emigraron de Europa a la América del Sur pues temían una Tercera Guerra Mundial. Jeremy estaba orgulloso de su madre pues ella demostraba gran conocimiento sobre muchos temas, principalmente en materia de relaciones humanas. Jeremy no siguió todos los consejos que le dio su madre, y en algunos casos lo lamenta. Sin embargo, siente que la vida ha sido buena con él, independiente de las oportunidades perdidas que definieron la senda de su vida.

Sus padres eran humanistas, se auto-calificaban de libertarios. Sintieron simpatía por el movimiento anarquista en España y participaron en los movimientos sindicales. Por cierto que ellos no manifestaron nunca simpatía ni por el socialismo ni por el comunismo. Jeremy recuerda su madre hablando sobre Rusia, "Ese país planea la vida de la gente desde que nacen, si deciden que serás un obrero, no tienes otra oportunidad. No es el individuo que decide, es el gobierno. Ellos no promueven la libertad." A Jeremy no le agradó esa falta de libertad de los soviéticos y siempre fue cuidadoso con las ideas socialistas.

El proviene de una familia de trabajadores, su padre tenía un pequeño negocio que apenas daba para vivir; no había otros empresarios cerca de su entorno. Su madre le dijo una vez, cuando estudiaba en la Universidad, "Mantén presente en tu mente a la clase trabajadora, ellos son los que más sufren en la vida." Jeremy siempre mantuvo presente a la clase trabajadora, y en sus posiciones supervisoras trató de ayudarlos lo más que pudo. Sigue deseando ayudar a la clase trabajadora, pero siente que la ayuda no es alienando a los empresarios o a los ricos.

Creció en La Pequeña Venecia, llegó cuando era un bebé. Tiene muchas anécdotas del país, pero necesitaría todo un libro para escribirlas. Sin embargo, recuerda algunas de cuando era niño. Recuerda a un amigo que vivía a unas cuantas cuadras de su hogar, no recuerda cómo lo conoció, ¿Fue en el colegio? ¿O fue su madre que conocía a sus parientes? De todas formas, el nombre de su amigo era Wilson. La casa donde vivía tenía una gran piscina y a Jeremy lo invitaron muchas veces a nadar. Parece que el padre de Wilson era un rico y famoso ministro de la dictadura de aquella época. Jeremy tiene muy buenos recuerdos de su amigo, pero más nunca lo volvió a ver.

Recuerda que cuando era niño solía caminar por la zona buscando piedras especiales y semillas coloreadas; unas eran las famosas pepas de zamuro, para usarlas en collares. Un día, caminando de regreso a su casa con Wilson, decidieron cortar camino entre los terrenos y las casas. Encontraron una cerca de alambre de púas, su amigo logró montarse y pasarla, mientras que Jeremy, llegando al tope se resbaló, se cayó y se cortó la mano, quedó colgando de las púas con una herida de más 10 centímetros. Tuvo suerte de que no le pusieran puntos, pero quedó impresionado por la cicatriz. Luego de tantos años, todavía la tiene visible y a veces chequea a ver cómo luce.

El estudió, se casó, y tuvo hijos en La Pequeña Venecia. Su esposa solía decir que él no era realmente ciudadano de La Pequeña Venecia pues no había nacido allá. A Jeremy no le agradaban esos comentarios pues él se sentía como cualquier otro ciudadano nacido allá. Los comentarios de su esposa le parecían discriminatorios; no hay ley que pueda cambiar lo que usted siente. Está claro que ese tipo de comentarios ocurren en todo el mundo donde los refugiados o inmigrantes se asientan; es el castigo que tienen que pagar por mudarse a otros lugares.

Sin una agenda precisa, Jeremy viajó a Norteamérica con sus hijas más adelante en su vida. Puede afirmarse que tuvo suerte de tener esa oportunidad, el país es uno de los mejores del mundo para vivir; mientras tanto La Pequeña Venecia cae en desgracia. Jeremy suele viajar arriba y abajo por ambos países y está bien al tanto de lo que sucede.

Comenzó a cocinar alrededor de los 40 años de edad. Antes de eso, solo hacía huevos hervidos o fritos, filete frito, y espagueti con mantequilla, queso y salsa de tomate. Aunque fue un comienzo tardío en su vida, ha venido preparando muy buenas recetas el resto de su vida. Una de sus principales cualidades es que inventa nuevas maneras de hacerlas, la mayor parte de las veces obteniendo excelentes platos. Hace platos chinos e italianos que todos disfrutan. El único tipo de recetas que aún le da dolor de cabeza es la repostería; los panes y dulces requieren cantidades precisas de ingredientes. A Jeremy no le agrada tanta precisión, prefiere el enfoque de tocar y sentir.

Todavía tiene parientes viviendo en La Pequeña Venecia y suele viajar con propósitos vacacionales. Visita amigos y familiares y se baña en las playas para pasarla bien. En años recientes, la situación económica del país se ha deteriorado en forma astronómica, el régimen Socialista Absurdo, en el poder durante los últimos 18 años, ha arruinado al país. La Pequeña Venecia continúa en una carrera excesivamente rápida hacia la destrucción económica y social; si el régimen socialista se mantiene, el futuro del país seguirá siendo desastroso.

Ha estado escribiendo algunos libros sobre los problemas de la vida, gasta horas leyendo y escribiendo sobre temas asociados al existencialismo. Esta experiencia lo coloca en una posición comprensiva sobre las dificultades de la Vida, el Amor y la Suerte. Una conocida historia dice, "El Amor y el Interés se fueron al campo un día y más pudo el Interés que el Amor que le tenía." Lo que Jeremy ha comprendido es que todo es interés, los seres humanos están en el mundo por interés. La gente tiene interés en respirar, comer, beber y todas las demás necesidades fisiológicas. El amor es otro tipo de interés, bien sea amar o ser amado; claro, puede haber algunos que no tienen interés ni en el amor. El interés económico es un interés especial, la gente tiene intereses económicos para comprar cosas y vivir confortablemente. El poder es otro tipo de interés, algunos quieren estar cerca de los que tienen poder, otros quieren ser poderosos, y hacen lo imposible por mantenerse. Otro tipo de interés es la justicia, la gente siente la necesidad de imponer justicia; están motivados por hacer justicia, luchar por la justicia y exigir justicia.

Por lo tanto la vida es interés, aunque nos duela, no hay duda en cuanto a eso. Algunos intereses son innatos, otros son adquiridos, pero al final todo es interés. Sería posible definir algunas prioridades en cuanto al interés que sienten las personas, tomando en cuenta cuáles son intereses sanos y cuáles insanos, pero todo es interés al fin de cuentas. Usualmente la gente rechaza el interés motivado por el dinero, esa gente que no tiene sentimientos y solo quieren ganancias materiales.

Según Jeremy, los principales temas de la vida y las sociedades son: supervivencia, conocimiento y justicia. La supervivencia siempre está presente, la gente nace para sobrevivir, no hay otra alternativa; debemos respirar, comer, beber y otras cosas más. Para sobrevivir en las sociedades modernas la gente debe trabajar y ganarse el sustento y debemos saber para sobrevivir. El conocimiento requiere de tiempo y esfuerzo. Hay que trabajar duro para aprender, la vida no es una tarea fácil. La gente debe aprender a vivir en cualquier circunstancia, el conocimiento facilita la vida. Las nociones de justicia determinan las soluciones que se aplican en la vida. La desventaja de la justicia es que cada individuo puede crear su propia noción de justicia.

En una sociedad es difícil encontrar gente que comparta los mismos principios de justicia; además, hay diferencias en la forma en que se aplica la justicia. ¿Por qué será tan difícil encontrar patrones comunes de justicia que beneficien a todos?

El mérito, que significa merecer algo o beneficiarse de algo o ser reconocido por sus logros, debería ser la fuerza directiva que ayude a decidir las alternativas a tomar. Hay gente que no aprecia el mérito, los socialistas son un ejemplo, ellos creen en igualdad ciega, donde todos valemos lo mismo, independiente de que hayan algunos que hacen el bien y otros el mal.

Capítulo 3: Balneario de Pueblo Playero

Pueblo Playero es pequeño, su nombre proviene de un río que pasa justo al lado, en la frontera entre dos importantes estados o provincias del país. A veces, pensando en Pueblo Playero, Jeremy dice, "Es el pueblo que se negó a morir." Después de tantos años, el pueblo no ha mejorado como otras ciudades cercanas, tales como Puerto Espirituoso y El Clarín. Fue fundado en el año 1599, pero no fue sino hasta 1699 que le dieron el nombre de San Juan. Pueblo Playero ha existido por unos cuantos años, pero el progreso no es su mejor adjetivo, la gente ha permanecido bajo el mismo nivel de pobreza por generaciones. Se produjo un espejismo al comienzo del gobierno infame del Socialismo Absurdo, la gente pensó que el líder deseaba lo que prometía, pero tristemente no mejoraron con las políticas gubernamentales; actualmente han comprobado que son más pobres que antes, se ha perdido 18 años.

Tal como su nombre indica, Pueblo Playero, localizado al Noreste, tiene una larga playa de 10 kilómetros, disponible para el turismo. Sin embargo, no hay muchos servicios disponibles; los gobiernos locales no han sido capaces de mejorar la infraestructura. Se ha construido muchas casas cerca de la playa, algunas están en buen estado, otras abandonadas, y otras han sido invadidas por los seguidores de la 'revolución.' Desde la autopista que atraviesa al pueblo hasta la playa hay alrededor de 10 a 15 cuadras, se puede caminar desde la autopista hasta la playa en unos 15 minutos. Hay un gran estadio cerca de la Plaza Libertador, el nombre mas común usado para las plazas principales de los pueblos y ciudades del país, fue inaugurado hace más de 30 años. En el estadio se presentan múltiples eventos, incluyendo béisbol y fútbol. Los desfiles del carnaval suelen terminar su marcha en el estadio. La capacidad es de unas 3.000 personas.

La población del pueblo es de unos 10.000 habitantes. El crecimiento del pueblo se ha paralizado en los últimos años. La gente joven tiende a mudarse a la capital para continuar sus estudios y otros muchos se van del país. Las principales actividades se relacionan al comercio y la construcción, alentados por turistas que poseen casas o que visitan las posadas con todo incluido. Los gobiernos locales también ofrecen empleos, los municipios son una fuente de ingresos para los residentes locales, y la burocracia suele aumentar en tiempos de elecciones.

Hay pequeños negocios que venden alimentos, mercancías y empanadas, hechas con harina de maíz y rellenas con queso, carne, pescado u otras mezclas proteicas. Hay muchos establecimientos de licores, son los que hacen los mejores negocios; muchos residentes locales disfrutan bebiendo frenéticamente los fines de semana. Existe solo un banco, establecido hace unos 5 o 10 años; otros servicios incluyen las compañías de luz y agua. Hace algún tiempo existían Cibercafés con servicio de Internet, poseían siete u ocho computadores, hoy día no hay ni uno. Existen cinco antenas gigantes, distribuidas en el pueblo, para teléfono y transmisión de datos, una para cada compañía que provee el servicio.

Las calles del pueblo son una mezcla de piedra, asfalto, concreto o tierra. Cada gobierno promete reparar las calles, pero son pocos los encargados que hacen un esfuerzo por completar los trabajos. Hace años, durante la época de lluvias, los carros se quedaban pegados en el fango y la gente tenía que contratar camionetas para sacarlos. Hay dos o tres plazas en el pueblo además de La Plaza Libertador. Las calles son tan rudas que cualquier par de zapatos que Jeremy trae puesto, se gasta rápidamente; la mayoría de los zapatos dura solo unos meses. El desgaste ocurre por la dureza del suelo y el clima, húmedo y salado. Hace años Jeremy trajo un par de zapatos que no usaba regularmente, mientras caminaba en un desfile de carnaval, se le cayeron las suelas, tuvo que botar los zapatos en la basura y seguir caminando descalzo.

Hace unos 30 años, los inmigrantes portugueses construyeron pequeños supermercados en el pueblo, algunos de ellos están aún vivos y dando servicio, pero hay una nueva ola de inmigrantes árabes y chinos que ha tomado el relevo. Recientemente, árabes de Siria han inaugurado la mayoría de supermercados y licorerías. Los inmigrantes chinos han inaugurado mercados de alimentos. Los residentes locales mantienen sus negocios de Pescado y venta de Empanadas. Hay pocos restaurantes, la mayoría cerca de la autopista, hay otros dos cerca del centro del pueblo y otros en el balneario. Últimamente, los mercados de los chinos y alguna de las panaderías fueron saqueados y están dudando si abrir de nuevo.

El Balneario tiene algunas construcciones, un restaurante, unos baños y duchas. Las duchas externas siguen funcionando, pero los baños nunca sirven; la gente que los cuida no está acostumbrada a dar un buen servicio. En la playa hay palmeras y el propietario del restaurante alquila toldos para protegerse del sol. La playa es aceptable, aunque no es cristalina, el río trae barro y oscurece el agua. Durante la época de lluvias, hay cantidades inmensas de ramas a lo largo de la playa, pues el río trae el sucio desde las montañas. Hay una época del año en que pueden recogerse almejas, conocidas como guacucos, y la gente saca tantas como puede para hacer empanadas de guacuco.

El clima de Pueblo Playero durante los meses de julio y agosto es brutal, la temperatura sube hasta los 40 grados Centígrados, y el sol es insoportable. Es posible afirmar que la gente sufre de la manía del clima; es difícil trabajar con tan altas temperaturas. Es increíble que los trabajos de construcción puedan hacerse aún bajo esas condiciones, hay que felicitar a esos trabajadores por su esfuerzo. Es comprensible que en algunas épocas del año, no haya trabajadores disponibles.

Una característica especial de la gente del pueblo es que son amigables. Algunos tienen gran interés en obtener beneficios económicos o servicios de los amigos y de la municipalidad. Cuando la gente tiene que luchar duro para sobrevivir, saben que es mejor no tener problemas con los vecinos, pueden necesitar su ayuda en el futuro. Los filósofos ven la amistad como disfrute y entretenimiento, sin atarse a posibles favores. Sin embargo, cuando la gente vive para sobrevivir necesita relacionarse con otros solo con el propósito de asegurar un posible favor.

La mayoría de la gente de Pueblo Playero simpatiza con algún partido político, principalmente del que tiene el poder. La gente piensa que cada gobierno es el encargado de ayudarlos y suelen pedir favores tanto como les sea posible. Suelen pedirle al gobierno de turno: trabajo, subsidios, aparatos eléctricos, materiales de construcción, inclusive casas. Algunos gobiernos han dado dinero y regalos, pero como todos sabemos, es imposible satisfacer las necesidades de todos. Últimamente, comida y medicinas son los favores solicitados más comunes. Las necesidades se han trasladado a lo básico, la supervivencia es más importante que el trabajo y la familia. La gente necesita ayuda, y el gobierno es incapaz de resolver los problemas básicos, ¿qué se puede esperar de un mal gobierno en esas condiciones? ¡Nada!

Los locales se relacionan con los turistas puesto que prevén la posibilidad de obtener algún beneficio económico u otro tipo de servicio. De la misma forma en la que algunos mantienen trato con conocidos por razones económicas, los locales tienen un interés económico con los turistas. La relación de los locales con el partido en el poder es por los beneficios económicos que obtienen. Ese interés económico no es nuevo, ha estado presente por muchos años, desde que comenzó la democracia. Explotando esa debilidad, el líder de la revolución supo lo fácil que era obtener lealtad a su gobierno, les daba algún ingreso o beneficio y la gente vendía su alma.

Una vecina aceptó la construcción de una granja de gallos de pelea en su propiedad; el último alcalde del Municipio era un fanático de las peleas de gallo y propuso esa construcción. Otros fanáticos de gallos ayudaron al alcalde a convencer a la señora a aceptar la construcción de la granja. En retribución, la señora obtiene consideraciones de la Alcaldía y favores del partido en el poder. Los gallos comienzan a cantar muy temprano en la mañana, los que viven cerca de la granja tienen que acostumbrarse al canto de los gallos y levantarse temprano para escuchar el concierto.

Algunos vecinos han podido obtener casas financiadas por el gobierno; nadie sabe si pagan o no por sus deudas, pero sí se sabe que viven felices en esas casas 'gratuitas.' Algunos vecinos son ultra fanáticos del gobierno, inclusive hablan bien de la revolución; no son capaces de reconocer que no hay ningún beneficio, que la revolución fue un espejismo. Según Jeremy, la gente no cree en ninguna revolución y eso es una ventaja, el régimen puede ser cambiado en cualquier momento sin mayor confrontación.

La gente no tiene ninguna consideración sobre ideología, todo es simple interés económico u otros beneficios. No tienen tiempo de leer qué significa el socialismo, por lo tanto todo está marcado por la economía. Aquellos que tienen algún tipo de visión ideológica, apoyan al gobierno porque piensan que el colectivo debe aplastar al individuo. Este tipo de visión la expresa la gente que nunca ha vivido bien, piensan que el socialismo es una alternativa, distinta al capitalismo, para mejorar sus vidas. Un régimen socialista les ofrece, en teoría, ganar sin trabajar; son gente que por cuenta propia nunca mejorará, no tienen educación o profesión para ganarse la vida con autonomía.

La casa en que Jeremy se queda está a unas tres cuadras de la Plaza Libertador, un lugar céntrico. Otros parientes pueden querer visitar al mismo tiempo, por lo tanto se requiere de tiempo compartido. La casa es conocida también como la casa que se negó a morir, al igual que el pueblo. Apenas recientemente pusieron algo de asfalto al frente de la casa, ha sido una calle de piedras y polvo por todos esos años. La primera propietaria fue una Profesora de Economía hace cuarenta años, la casa estaba hecha con bloques de concreto y techo de asbestos. Inicialmente tenía 60 metros cuadrados, actualmente tiene 120 metros cuadrados; es una casa muy modesta, con dos baños y dos habitaciones, todo es rústico. El precio de la casa ha bajado en lugar de aumentar con la inflación. Ahora cuesta la mitad de lo que costo hace 40 años y tiene el doble de espacio. Al comienzo, hace 35 años, había solo dos casas en el vecindario, hechas por el mismo constructor. Hoy en día, solo una casa, al frente, no ha sido terminada, la comenzaron hace unos diez años y el propietario nunca completó su misión.

El problema principal de la casa se presentó hace unos 20 años, cuando la municipalidad decidió hacer las calles, ¡sorpresa! la casa quedó debajo del nivel de la calle. El desnivel fue de casi un metro; se solucionó el problema subiendo el piso, pero el techo quedó ahora muy bajo, se requiere subirlo por lo menos un metro. Además de reparar el piso interno de la casa, echando un metro de tierra y rehaciendo el piso de cemento, se tuvo que rellenar también un metro de tierra alrededor de la casa, para evitar la condensación del agua en los alrededores durante la época de lluvias. La casa tuvo una docena de palmeras, pero hoy en día solo quedan tres; hay un insecto que mata la planta al penetrar por las ramas más altas. El clima y la tierra son tan duros que no hay árbol que soporte las inclementes condiciones; se hicieron pruebas con matas de mango y cerezas; no importa cuál clase de árbol, no progresa y muere, los únicos árboles que soportan son las palmeras.

Actualmente no hay ni nevera ni aire acondicionado; la razón es que el vandalismo siempre castiga la casa y por ser un destino vacacional, es mejor no arriesgarse a nuevos robos, cuanto menos tengas mejor. Hay una pequeña cocina de gas con su bombona, pero debido a la escasez de gas, no se puede cocinar con ella. El gobierno controla la distribución principal del gas, ha sido imposible encontrar una nueva bombona de las que suministra el gobierno, e imposible llenar la bombona existente, ya que la compañía anterior ya no distribuye en la zona; esa es una más de las cientos de miles de empresas quebradas por el gobierno socialista. Hay una cocina eléctrica y un pequeño horno eléctrico para cocinar comidas simples. Hay una cama, difícil de mover para evitar ladrones, un par de hamacas, unas pocas sillas, una mesa y un par de ventiladores.

En Pueblo Playero, las experiencias de Jeremy se relacionan con su propia familia y algunos vecinos cercanos. Sus familiares más cercanos viven en Norteamérica y Europa, solo los recuerda cuando la brisa sopla. Hace años, cuando Jeremy solía viajar a Pueblo Playero con su familia, iba temprano a la playa por la mañana y regresaba a la casa por la tarde. Luego de tomar una ducha, se iba al mercado o compraba algo para comer en las ventas de empanadas. Por la noche, solía ver la TV o hablar con los vecinos, si no tenía que corregir exámenes. Repitió por muchos años la misma rutina, visitaba vecinos y otros venían a visitarlo junto a su familia, algunos eran más amigables que otros por supuesto.

Marbella es la señora que cuida la casa en el pueblo, vive justo detrás, cruzando la calle hacia la izquierda. Ahora tiene más de cincuenta años, ha criado a un nieto por muchos años, pero ahora éste se marchó a la capital para seguir sus estudios. Tiene otros nietos y suele cuidarlos durante el día. Ella suele ayudar a su hermana cuidando a su hijo, un niño de cinco años. Marbella no trabaja, pero hace helados para los vecinos. La alcaldía le dio unos préstamos hace tiempo, para comprar aparatos para hacer helados. Ella vende helados a los niños que pasan cerca de su casa, hay un letrero que dice: 'Helados en venta, mango, limón, parchita, chocolate, 300 pesos.'

Ella tiene influencia en la zona y es amiga cercana del actual alcalde; recientemente se encarga de distribuir comida para la comunidad. El gobierno socialista quiere imponer un monopolio para distribuir los alimentos. La Municipalidad se encarga de preparar la lista de vecinos que pueden optar a recibir alimentos a precios regulados. Marbella se encarga de recibir los paquetes y distribuirlos. Jeremy se sorprendió cuando no recibió un paquete de comida regulada, aduciendo que era turista, pensó que era una forma de discriminación. ¿Por qué él no va a recibir un paquete de comida a bajo precio mientras está en el pueblo?

La madre de Marbella también vive cerca. Jeremy la conoce desde hace muchos años, solía cuidar las palmeras del terreno. Hoy en día aún está a favor del finado líder de la revolución pues piensa que el gobierno ha colaborado a disminuir la pobreza y además le dieron su pensión de vejez. A veces, ha expresado que se ha hecho justicia, "ahora todos estamos al mismo nivel de pobreza, la clase media pasa más trabajo que antes y ahora los pobres pasamos menos trabajo." Ella dijo eso hace tres años, con seguridad está sufriendo mucho hoy en día cuando el ingreso no alcanza para comprar comida.

No debe estar contenta con los saqueos que se han vuelto frecuentes, pero no demuestra estar en contra del régimen; es un caso de terquedad exagerada. El cree que lo bueno que se recibe al envejecer está bien merecido, es gracias a nuestro propio esfuerzo y no al del gobierno; estar aún vivo en este país, con la delincuencia desbordada, es suficiente batalla.

Jeremy y su familia solían conversar con una vecina cercana, llamada Minerva, que trabaja en la administración local. Ella tiene muchos años en el pueblo, su casa está ubicada a menos de 100 metros de la casa de Jeremy, solo hay que cruzar la calle. Minerva nació en Pueblo Playero pero se mudó a esa casa hace unos quince años cuando se casó con otro local del pueblo. Ella tenía dos hijos cuando se casó y ha tenido tres más con el nuevo esposo. Jeremy ha conocido a sus hijos toda la vida, desde que nacieron. Ellos solían venir a la casa y sentarse en el porche. Minerva se divorció hace unos cinco años, pero ambos viven bajo el mismo techo, en distintas habitaciones. ¿Se imaginan viviendo bajo el mismo techo con su ex marido? Parece que esto sucede en el mundo con más frecuencia de lo que nos imaginamos.

Mientras sus hijos eran pequeños, solían visitar a Jeremy los fines de semana y pasaban el tiempo conversando sobre cosas comunes del día a día, ahora ya crecieron, y ya no visitan más. Jeremy tuvo la oportunidad de saber lo inteligentes que eran. Dos de ellos eran excelentes, en el buen sentido del término, daban respuestas a situaciones comunes, demostrando cuán bien les irá en la vida. Los demás no demostraban tanta capacidad, unos eran flojos, no trataban de terminar sus tareas, quizás su vida sea más dura, quién sabe. Jeremy recuerda haberle dicho a una de las hijas, "Escucha, ¿por qué no te miras al espejo? Tu comportamiento es un poco obsesivo." Haciendo referencia a la necesidad de saber comportarse.

Jugar canicas con uno de los hijos dos o tres veces fue una memorable experiencia. Dibujar un triángulo en la tierra y poner varias canicas en el centro, la idea es pegarle a las canicas con una de las tuyas y las que sacas del triángulo son tuyas, si el contrario le pega a la que tienes por fuera, gana todas las canicas dentro del triángulo. El otro juego era abriendo hoyitos en la tierra, unos cuatro, separados como medio metro, y se hacía un recorrido con una canica, entrando en cada hoyo, sin dejar al contrario que le pegue a tu canica, el que completaba primero el recorrido se ganaba la cantidad de canicas que se apostaron.

El ex marido de Minerva es el hombre típico de La Pequeña Venecia, inteligente, vivo, autónomo y macho. Hizo una vida viajando alrededor del país. Hace diez años trabajaba para la municipalidad, cargo que mantuvo por muchos años. En esa época no se quejaba mucho del gobierno, pero una vez que lo botaron, comenzó a quejarse del gobierno socialista, igual que muchos otros que han sufrido la discriminación. Últimamente encontró trabajo ayudando en una Posada y trabaja en la construcción. Se ha relacionado con los partidos de oposición, ayudando a las organizaciones en épocas de elecciones. Su idea, claro está, es tener alguna influencia positiva en el caso de cambio de gobierno. Cuando la pareja comenzó a tener problemas matrimoniales, Jeremy apoyaba más bien a Minerva, a él le molestan las posiciones machistas, por lo que no podía apoyar las acciones del ex marido.

Independiente de los problemas de la pareja, Jeremy tiene algunas anécdotas que involucran al ex marido. Primero, es un melómano, tiene una biblioteca de canciones y suele oírla a todo volumen tanto como puede; tiene cornetas gigantes fuera de su casa, que se oyen kilómetros a la redonda. Cuando Jeremy le dijo que era melómano, dijo, "Ten cuidado con lo que dices, no me gusta que me insulten. ¿Por qué me llamas así? ¿Qué quieres decir? ¿Te estas volviendo loco?" Una demostración pura y simple de ignorancia machista.

La otra anécdota sobre el ex marido está relacionada con el conocido hobby de beber licor. Libar licor es la peor distracción del país. Todos los fines de semana, la gente, más que todo los hombres, se reúnen a beber cerveza y licor toda la noche. En Pueblo Playero, los hombres se reúnen en frente de las ventas de licores y gastan horas hablando y tomando. Jeremy suele pasar por la licorería, pero para comprar botellones de agua en lugar de licor, la gente lo ve sospechoso, "¿Por qué este tipo compra agua en lugar de cerveza o caña blanca?" Jeremy ha visto varios casos de peleas, empujones y caídas. Una vez vio a un borracho caer con un empujón, se golpeó la cabeza contra el piso, el ruido fue como el de un coco, sin la concha, tirado contra el piso; Jeremy aún se acuerda del estruendo contra el piso. Después de unas cervezas, es fácil pelearse por cualquier razón, el alcohol no es amigo de nadie, estimula la violencia.

Hace tiempo, cuando Jeremy pasaba por la casa del ex marido, éste le ofreció licor, "Whisky o cerveza, dime que quieres." Jeremy se tomaba un trago algunas veces, pero la mayor parte de las ocasiones rechazaba la oferta.

No haber caído en la infame tradición de beber aguardiente hace a Jeremy muy feliz. Ha sentido el efecto del alcohol solo unas pocas veces en su vida. La primera vez fue cuando era muy joven, durante el verano trabajaba como asistente de topografía, en la construcción de una urbanización, colocando la mira para las medidas del terreno con el teodolito. Un sábado al mediodía, después de recibir su paga, fue con los compañeros de trabajo a una casa cercana donde vendían whisky, se bebió casi la mitad de una botella; no recuerda cómo llegó a su casa. Tomó el autobús y tardó unas horas antes de llegar a su casa, tenía dificultad para identificar la parada para llegar a su casa, casi no podía abrir los ojos. Jeremy se acuerda que llegó como a las cinco o seis de la tarde y se tiró directo a la cama, su mamá lo vio y comprendió que estaba borracho. Jeremy durmió hasta el siguiente día.

Ese día en la casa del ex marido de Minerva, Jeremy hablaba de la situación política y de pronto, el ex marido dijo, "Mira, yo no confío para nada en ti, tu siempre rechazas mis ofertas de licor, eres muy extraño. Para mi es muy raro alguien que casi no toma, yo estoy habituado a beber bastante todos los fines de semana, mientras que tú no tomas nada."

Tratando de buscar una excusa, Jeremy dijo, "Lo que pasa es que tomo algunas medicinas y no me conviene ligarlas con el licor."

El ex marido contestó, "Ya veo, pero de todas formas, tú rechazas mis ofertas la mayoría de las veces. Ese no es el comportamiento esperado en este país, quizás tú escondes algo, ¿eres por casualidad un espía?"

"Si me pagaran un salario por no beber sería de lo mejor y lo seguiría haciendo por siempre. Mira, si conoces alguien que pague para ser espía sin tomar, soy voluntario en la lista." Jeremy continuó, "De paso, ¿será que tú eres el que esconde algo?"

"En esta última época las cosas se están poniendo duras, al régimen lo apoyan los de la Isla, y ya sabes lo difícil que es para los disidentes vivir en esa Isla. Eso mismo puede suceder en el país, los espías recogen información y la envían a la Agencia de Inteligencia de la Isla que controla nuestra vida."

Prefirió no seguir hablando del tema pues no le pareció agradable, el licor comenzó a afectar la conversación del ex marido.

En el pueblo hay muchas mujeres con dificultades para criar a sus hijos; son madres solteras y carecen de la educación necesaria para ayudarlos. Esta claro en muchos casos que hay niños con problemas de conducta. Una de esas niñas se notan adonde quiera que van; no está claro si es un problema de personalidad, dificultades para comportarse, deseo de lucirse, o enfermedad mental, pero siempre molestaba de una forma u otra. Su madre fue incapaz de mejorar su comportamiento, ella no tenía la educación suficiente como para ayudar a su hija y no tenía adonde ir para obtener ayuda, el país no ha tenido buenas Instituciones para ayudar en esos casos. Solían llamarle niña espirituosa por el carácter tan terco que poseía; era solo lo que ella decía, los demás no contaban.

Algo era evidente, la niña tenía dificultades para obedecer y siempre quería hacer lo que quería; en muchas ocasiones confrontaba a su madre sobre la obediencia de sus tareas del hogar, argumentaba y desobedecía. La mayor parte de las veces hacía lo que quería. Es una lástima que una familia tenga hijos así, la gente alrededor tiende a culpar a los padres por no educar a sus hijos. Lo que esa gente no entiende es lo difícil que es criar a esos niños.

A una vecina le ofrecieron que fuese la madrina de la niña, Jeremy le sugirió que no aceptara esa responsabilidad ya que todos sabían de su mal comportamiento y de las implicaciones futuras. Sin hacerle caso a las recomendaciones, la señora aceptó y se convirtió en madrina; esa decisión le permitió conocer mejor a la niña y ahora tiene una opinión más directa de su comportamiento. Ella conoce sus intereses económicos, siempre quiere regalos costosos y mucha consideración y simpatía.

Cuando tenía unos once años, coqueteaba con los niños del colegio y novios que duraban unos pocos meses. No le gustaba ayudar a su madre, no cocinaba ni limpiaba; era floja, solo le gustaba salir y reunirse con amigos. Siempre se metía en problemas con su mamá y en el colegio, casi siempre le gritaba a los que no coincidían con ella. A veces, cuando llegaba tarde y su madre le reclamaba, la niña se ponía a contestar y con malas palabras. Los vecinos se daban cuenta de las ruidosas peleas.

Cuando la niña, ya adolescente, tenía 13 años, comenzó a tener relaciones más serias con un muchacho de unos 18 años. Así que la niña decidió comenzar esa relación y se fue de la casa de su madre, a vivir en casa de la madre del muchacho. La madre de la niña no estaba de acuerdo con esa partida, pero luego de varias discusiones, la dejó marcharse.

Cuando una niña mantiene esa mala conducta desde pequeña, sin ningún tipo de consejo o terápia, es casi imposible que se recupere. Puede decirse que la madre tuvo la mayor culpa, pero, la única manera de prevenir ese mal comportamiento es actuando a tiempo, y darle buenos consejos mientras haya oportunidad de mejora. Si la madre hubiese tenido la oportunidad de visitar un consejero que la ayudara, explicándole cómo se cría a una niña difícil, las cosas pudieran haber sido distintas.

Los padres deben ser más decisivos en estas situaciones ya que dejar a los hijos hacer lo que quieran les perjudica su futuro. Esta es la historia que nunca termina, los hijos repitiendo la misma vida que siguieron sus padres, una vida de irresponsabilidades.

Hay muchas personas del pueblo que no siguen una educación formal, fueron a la escuela primaria y secundaria, pero no se graduaron. No tienen una profesión y no tienen habilidades especiales para ganarse la vida. El caso de estas personas es común en el país, no han trabajado gran cosa o han trabajado en la informalidad. Obtienen un ingreso aquí y allá, pero no pagan renta y a veces ni siquiera pagan por sus gastos de comida o ropa.

Es una pandemia, mucha gente vive en esas condiciones, no producen ni beneficios ni ingresos, es una lástima.

Hay un caso de un vecino, mayor de 60 años, que fue detenido transportando drogas en un aeropuerto, ahora está cumpliendo la condena de 15 años que le dio la sociedad. Las hermanas principalmente lo malcriaron; nunca tuvo un trabajo permanente. Es extraño que tardara tantos años en cometer una fechoría. Ese señor no tenía necesidad de caer en tráfico de drogas a esa edad, la culpa es de los familiares que le apoyaron la flojera toda la vida.

Este tipo de situación es muy común en el país, hembras o varones que viven cerca de la familia y como no les gusta trabajar, se quedan por largos períodos de tiempo en casa de los familiares. Es un problema cultural que debería atacarse. Está bien ayudar a un pariente por un tiempo, pero no durante toda la vida. Esos personajes viven como ricos, siendo pobres: no tienen responsabilidades, no colaboran en la casa, les dan habitación y comida, piden dinero y los demás se lo dan con mucho sacrificio.

Resumiendo las características culturales o de idiosincrasia más resaltantes, algunos aspectos positivos son:
- La gente tiene buen sentido del humor a pesar de la mala situación
- Hay buenos trabajadores y algunos trabajan duro; el clima tiene un efecto nocivo en la productividad
- La gente es básicamente tolerante
- Son buena gente, aunque tu en tu casa y yo en la mía
- Suelen vivir y dejar vivir
- La criminalidad infantil es baja comparada con el resto del país

Algunos aspectos negativos son:
- Al igual que en el resto del país, existe machismo, no solo en el comportamiento dominante hacia la mujer, sino también en el trato autoritario y de confrontación hacia otros semejantes
- Muchos casos de divorcio o separación que dejan a los niños primeramente con las madres; éstas tienen que hacer grandes sacrificios para criar a su hijos; es un caso de irresponsabilidad de los padres
- Hábito de los hombres a la bebida alcohólica en detrimento de la familia
- Muchos casos de adolescentes preñadas

- Hay casos de desobediencia infantil extrema
- Muchos casos de parientes adultos viviendo con familiares por no tomar responsabilidad de su propia vida. Esa gente que vive como ricos siendo pobres, ¡que sabroso!

Capítulo 4: Viajando a Pueblo Playero

Cuando Jeremy visita La Pequeña Venecia en sus vacaciones, se queda en un pequeño apartamento ubicado en el centro-este de la capital. Tiene suerte de tener un lugar donde llegar, es difícil encontrar alojamiento en tiempos turbulentos. Hay dificultad para encontrar apartamentos, hay poca oferta; los propietarios no aprecian las políticas de alquiler impuestas por el gobierno; prefieren dejar los apartamentos vacíos; el gobierno ha sugerido muchas veces la posibilidad de invadir los apartamentos. Hay centenares de edificios invadidos por los leales al régimen.

La ubicación del apartamento, en una urbanización congestionada, hace que se llene de polvo en pocos días. Mientras las ventanas están cerradas, el polvo no entra, pero una vez que se abren, el polvo comienza a acumularse; el tráfico es muy fuerte en las horas pico, el humo de los autos hace difícil la respiración. Jeremy tiene que fregar el piso cada dos días, hay carbón por todo, la contaminación de los coches es extrema. Jeremy no está seguro que tan dañino será para sus pulmones, pero siempre le preocupa su salud, ha conocido a más de uno que murió de cáncer en los pulmones. Cuando está en el apartamento suele tener frecuentes resfriados y dolores de garganta.

Cuando viaja desde la capital a Pueblo Playero, se levanta a las cinco de la mañana. Es temprano y está oscuro, pero en una media hora comienza a aclararse la vista con el amanecer. Prepara su bolso la noche anterior: unas sábanas para la cama, unas pocas camisas, dependiendo de cuántos días se queda. Un par de medias, un pantalón corto, un traje de baño y algunas herramientas en caso de necesitar hacer alguna reparación en la casa de playa; tiene que llevar jabón, papel de baño y desodorante, para combatir la escasez de suministros del país. Tiene que hacer unas cuantas cosas antes de salir, por ejemplo, bañarse rápido, si es que hay agua corriente. Se prepara una merienda para el viaje, y sigue el ritual de apagar algunos aparatos eléctricos, el suministro de gas, y la llave del agua, cerrar las ventanas y apagar los ventiladores y las luces. Hay una nota en la puerta con las instrucciones para que nada se olvide.

Era un día de marzo para su jornada, tenía un resfriado bastante fuerte con mucha congestión nasal. Jeremy no entendía porque un resfriado común lo afecta tanto, suele comenzar con fluido nasal que le dura varios días, después le sigue cierta tos, y finalmente desaparece el resfriado; todo el proceso le suele durar unas tres o cuatro semanas. La última vez fue bastante grave, le duró unos tres meses con tos fuerte. En estos años la salud del pueblo ha sido amenazada por la escasez de comida y alimentos. Hay muchos casos de virus afectando a la población y el gobierno ha sido incapaz de resolver los problemas. Es increíble que no haya habido aún una revuelta en el país, el gobierno no hace nada para mejorar las condiciones.

Camina desde el edificio a la estación del metro, le toma menos de diez minutos. No hay mucho tráfico a esa hora, solo unos pocos autobuses que suelen hacer bastante ruido por los tubos de escape y las cornetas. Las calles son bastante oscuras, los colores marrones por el suelo y los edificios grises sin brillo, no es una imagen agradable. El metro comienza a trabajar a las cinco y media de la mañana, pero prefiere llegar un poco después, para no esperar afuera por la apertura de puertas, la inseguridad es siempre una preocupación, inclusive temprano en la mañana. Desde la estación inicial a la final, hay 8 paradas antes de llegar a la terminal de autobuses. Desde la última parada, camina hacia la terminal, le toma unos diez minutos para llegar.

En la mañana temprano, cerca de la terminal, las calles están llenas de gente, algunos preparan sus productos para la venta directamente en el suelo; alrededor, las escaleras y pisos lucen abandonados, muchos años sin mantenimiento. El suelo está sucio, luce repugnante. Suele llegar a la terminal a las 6:30 de la mañana. Camina por la misma ruta pasando cerca de los otros autobuses, hasta que llega al que lo lleva a Pueblo Playero. No ha tenido problemas hasta el presente, pero son muchos los cuentos que ha oído sobre robos y asaltos. La inseguridad está latente, el aumento de la pobreza aumenta el crimen.

Cuando llegó a la parada del bus vio a su vecino Charlie en la cola, viajaba justo ese mismo día. Había dos o tres personas más detrás de él y estaba hablando con alguien en la cola.

"Hola Charlie, ya sé a dónde vas," dijo Jeremy.

"Hola que tal, si claro, adivinaste, ambos sabemos hacia dónde vamos. Mira, si entras primero, guarda un puesto a tu lado."

Jeremy no entendió porque dijo eso, ya que Charlie estaba primero en la cola, pero igual contestó, "No te preocupes, te lo guardo."

Charlie viene viajando a Pueblo Playero por muchos años, quizás más de 40, ha usado autobuses mucho más frecuentemente que Jeremy. Estando en la cola, Jeremy le preguntó al conductor cuánto costaba el pasaje a Pueblo Playero.

El conductor contestó: "Este bus va directo a las ciudades que están pasando Pueblo Playero, y cobramos 800 pesos."

"¿Pero no es más barato el pasaje para Pueblo Playero?"

"Si se bajan en Pueblo Playero, tienen que pagar la misma tarifa" dijo el conductor.

A Charlie no le agradó la idea de pagar 200 pesos adicionales por el pasaje. Jeremy le dijo que era mejor pagar la diferencia y salir más temprano y así no tener que esperar hasta el mediodía por el siguiente bus directo.

Y protestó al conductor: "Pero si la tarifa hasta Pueblo Playero es más barata, ¿por qué no nos cobra menos?"

El conductor no estaba muy contento como para ceder, pero luego después de irse por los pasillos, regresó y dijo: "OK, está bien, paguen la tarifa normal a Pueblo Playero."

La tarifa normal es de 600 pesos. Los conductores suelen cobrar más, diciendo que van a las ciudades después Pueblo Playero, con una tarifa mayor, y que pierden dinero cuando aceptan pasajeros que se bajan antes del destino final. Jeremy comprende que es una manera de obtener más ingresos, al cobrar la tarifa completa a todos. Estos años han sido inflacionarios, éste último fue de unos 200%, el actual de unos 700% y el próximo de unos 800%; no es mamadera de gallo, la inflación es gigantesca, la miseria está en aumento, todos nos vamos a adelgazar aunque no queramos. Añádele a la escasez de comida la falta de medicinas y otros suministros de higiene y las expectativas de la gente es dramática; se puede afirmar que la expectativa de vida ha disminuido por lo menos cinco años por tantas dificultades. Según estudios internacionales, la expectativa de vida disminuirá al menos quince años en los próximos años.

Finalmente entraron al autobús, encontraron dos puestos y se sentó junto con Charlie. Comenzaron a conversar sobre la situación económica del país, porque hay tanta gente en colas para comprar productos regulados como harina de maíz, mantequilla, azúcar, aceite, arroz, papel de baño, jabón y desodorante; la gente tiene suerte al encontrar pollo, carne y pescado, aunque los precios sean altos.

"Me siento mal por esa gente que se la pasa en las colas, se la pasan quejándose de su angustia. Cuando los escucho, muchos están fuera de sus casillas, explican que llegan a las colas desde las 4 o 5 de la mañana, a veces están enfermos o necesitan cuidar a un familiar," decía Charlie luciendo muy preocupado y triste.

"Para mí, solo sabiendo que la gente tiene que hacer colas es razón suficiente para entender que el problema del país es grave. No necesito escuchar que dice la gente, sé que se están quejando. Yo mismo me quejo, solo por verlos y normalmente no me gusta hacer cola. El gobierno ha sido incapaz de resolver un problema relativamente simple: facilitarnos la comida a todos. Fue culpa del gobierno no pagar sus deudas a los proveedores. El gobierno quiso ser más vivo que los demás ahorrando un dinero y perjudicando a los empresarios. Las colas empezaron hace tres años y van empeorando cada día que pasa." Dijo Jeremy demostrando su comprensión de la justicia.

Las colas eran primeramente culpa del gobierno, no había duda al respecto. En los últimos 60 años o más, no se había conocido una situación de desabastecimiento similar. Sin embargo, hay un componente psicológico que debe ser reconocido. Hay mucha gente que sí recibe comida y provisiones en el tiempo; son los que siempre vigilan cuales productos están disponibles. Compran el máximo de comida y productos permitidos por el gobierno y tienen sus reservas en casa. Por cuestiones psicológicas, la gente compra mucho más de lo que necesitan cuando el gobierno pone límites, es una reacción natural del ser humano. Los que más sufren son aquellos que no tienen tiempo de hacer colas y los que viajan de vez en cuando al país como hacía Jeremy. Esa es la razón por la cual aún no ha habido una conmoción social, la mayoría consigue cosas que comer.

El régimen, autodenominado, Socialismo del Siglo Veinte y Uno, ha venido dominando sistemáticamente las Instituciones, eliminando a los empresarios al no pagar las deudas, confiscando haciendas e industrias, y lo peor de todo, aplicando un control de cambio extremadamente punitivo que ha puesto las importaciones en un estado de parálisis total. Durante los 18 años de mal gobierno, más de ciento cincuenta mil negocios han quebrado. Añádele la famosa Lista Discriminatoria, que ha perjudicado a millones de habitantes por haber firmado en contra del innombrable líder de la revolución; si usted firmó contra él, puso su empleo en peligro, perdiéndolo o sufriendo discriminación, le cambiaban su dedicación o le quitaban su empleo a tiempo completo. El régimen ha tenido una política sistemática de castigar a los opositores. Los servidores públicos aplicaron una política miserable al perseguir a los que no estaban de acuerdo con el gobierno. Inclusive hoy en día, con el nuevo petitorio de resignación del presidente, hay oficiales del gobierno amenazando a los que firmen de perder sus trabajos.

El autobús comenzó a moverse por la ciudad, el tráfico era relativamente fuerte, pero mucho mejor que otras veces. Jeremy se acordó de una vez cuando hubo una tranca en que nadie se movía en la autopista por horas. En este viaje, debido a su resfriado y congestión nasal, no le provocaba hablar gran cosa, por suerte había otro pasajero, sentado cerca de Charlie, que también iba al pueblo, y que habló la mayor parte del trayecto. Jeremy prefirió cerrar los ojos y descansar un poco, se sentía cansado. La conversación transcurría alrededor de la situación económica del país.

Los pasajeros hablaban de las dificultades cotidianas: "Ha escuchado al gobierno explicar ¿cómo se distribuyó el ingreso? ¿El líder de la revolución aclaraba sus gastos? ¿Declararon qué hacían con el ingreso adicional por aumento de precios petroleros? ¿A dónde iban esos ingresos adicionales? ¿Por qué la gente no se quejaba de todo eso? ¿Por qué parece que a nadie le importaba?" Todos estaban de acuerdo, era un régimen que no respondía por sus gastos y la gente lo aceptaba confortablemente.

"Este gobierno quiere ser Marxista, sin saber nada al respecto. De paso, ¿quién ha entendido lo que Marx escribió? Yo comencé a leer El Capital de Marx y no pude pasar del Capítulo 12, el libro no se entiende" dijo Jeremy alardeando de sus recientes lecturas sobre Marxismo.

Las caras de los pasajeros demostraban lo poco que sabían de Marxismo o socialismo. La gente no le hace caso a la ideología, solo les importa la vida diaria, tener para comer cada día y proveer a la familia; la mayoría de la gente está al nivel más bajo de la escala de Manslow, satisfacer la supervivencia solamente.

El viaje les llevó unas tres horas, y no hubo retrasos ni ruido en el camino, el autobús fue uno de esos pocos que no pone música a todo volumen durante el trayecto. En el 90% de los casos, los autobuses ponen música popular todo el trayecto. Ponen salsa, rumba y bachata a todo volumen, nunca ponen música clásica. Tuvimos suerte esta vez, ¡nada de música ruidosa! La gente suele dormirse y conversar con vecinos de viaje, independientemente del ruido.

El bus llegó al pueblo cerca del mediodía, el sol era inclemente y se sentía humedad, al salir, caminaron hacia las casas y pasaron por el pequeño mercado de hortalizas. Charlie decidió pararse y comprar algo de casabe. Está hecho con yuca y se considera un carbohidrato saludable. Jeremy decidió comprar un poco también, pagó 300 pesos por cinco tortas; los precios cambian cada día; hace dos semanas el precio de las mismas tortas era de 200 pesos. Los precios están subiendo por lo menos al 100%

cada mes; cuánto constarán las cinco tortas en dos o tres semanas, quizás 500 pesos o más. Los precios están exagerados últimamente, la inflación es la mayor del hemisferio, el país tiene la mayor tasa de miseria e inflación del mundo. Si los precios siguen escalando, habrá una explosión social, nadie aguanta esto.

"Pero la gente suele aguantar peores situaciones, por ejemplo en la Isla, la gente ha pasado las de Caín con casos similares de escasez y después de 50 años aún soportan a la familia del barbudo en el poder" dijo Jeremy demostrando su comprensión profunda de las dificultades de la Isla.

"Si, pero te recuerdo que este país no es la Isla, hemos pasado por explosiones sociales en el pasado y hubieron cambios de gobierno" dijo Charlie, quizás pensando en la época en que sacaron al Dictador gordito de La Pequeña Venecia.

"Si, ya lo sé, pero este régimen ha estado 18 años en el poder y sigue ahí, todos sabemos que los gobiernos socialistas no son capaces de mejorar las condiciones de vida de la población, más bien las empeoran." dijo Jeremy señalando las fallas del socialismo.

Por culpa de los altos precios del petróleo, la gente se acostumbró a vivir fácil, sin hacer mucho, recibiendo la ayuda del gobierno. Y el problema es que ahora los precios están bajos y el gobierno no dispone de dinero suficiente para regalarlo. A la gente no le importa el sistema político, siempre y cuando reciban alguna ayuda de la bonanza del país.

"Es verdad, la mayoría de la gente no le hace caso a la política, solo se preocupan por subsistir" dijo Charlie.

Charlie tuvo una casa por muchos años a unos 50 metros de Jeremy. La vendió hace unos cinco años y compró otra que está a una cuadra, más cerca de la playa. Charlie trabajaba como empleado en un almacén del gobierno, manejando el inventario de repuestos. Ha estado casado por muchos años, su esposa fue maestra y ahora está retirada. Tienen tres hijas y cinco nietos, suelen visitarlos todas las vacaciones. El hobby de Charlie es arreglar su casa, gasta horas y horas haciendo algo, habitaciones, puertas, paredes. A veces contrata algún trabajador, pero la mayor parte del tiempo lo hace él mismo.

Hace muchos años, cuando viajaba a Pueblo Playero los fines de semana, Jeremy usualmente llegaba cansado los viernes por la tarde. Charlie llegaba tarde esos viernes o temprano los sábados y lo primero que hacía era poner la música a todo volumen hasta tarde. Esos viernes, Jeremy tenía problemas para dormir con tanto ruido. En esa época, no estaba muy contento con esa música tan tarde, el era profesor y solía traer trabajo para terminarlo el fin de semana. Necesitaba algo de descanso nocturno para completar esas labores; trabajaba durante el día, corrigiendo artículos, programas, exámenes, o preparando las clases. La música de Charlie le permitió familiarizarse con las canciones populares, tal como cha-cha-cha, salsa, rumba, son y boleros. Al pasar el tiempo, se convirtió en un fanático de ese tipo de música. Compraba muchos de esos mismos discos; sus hijas se volvieron fanáticas también de esa misma música. Algo que era desagradable en esa época, se convirtió en un hobby agradable al pasar de los años, escuchar música latina.

Charlie y Jeremy siguieron hablando y caminando hacia las casas, en la esquina se dijeron, "Está bien, nos vemos luego, tengo algunos problemas que resolver en la casa, parece que no hay electricidad."

"OK, nos vemos luego."

Llegando a la casa, Jeremy debía definir qué pasaba con la electricidad, por qué no había luz. Cuando se acercó al poste de la electricidad, había un cable cortado colgando por el otro lado de la calle; alguien se robó un pedazo largo de cable, como 10 metros. Se subieron de un lado, cortaron el cable y fueron al otro lado a desconectarlo; no era fácil notar que habían cortado el cable pues la otra rama del cable estaba aún en su lugar.

Habló con su vecina Marbella, que cuida la casa. "Marbella, ya se que pasó, alguien cortó una rama del cable."

"Oh, no me había dado cuenta que faltaba una rama, tengo unos metros extra de cable, si los necesitas. Le puedo vender un poco y se busca alguien para conectarlo. Hoy día venden el metro de cable a 1000 pesos en la ferretería. Le puedo dar un mejor precio, no se preocupe mucho por eso."

"Está bien, le pago lo que sea que cueste, ¿conoce a alguien para poner el cable?"

Ella dijo que había alguien cerca, que tenía que contactarlo. Por la tarde, como a las 5pm, vino el señor y acomodó el cable.

Le pagó a Marbella 6000 pesos por los 10 metros de cable y le dio al señor 2000 pesos por el trabajo. Jeremy quedó contento por tener electricidad esa noche, para poner el ventilador y dormir fresco.

Capítulo 5: Democracia en Valle Placentero

Políticamente, Jeremy ha sido siempre liberal. Tuvo lazos intelectuales con la izquierda la mayor parte de su vida, sin llegar a ser un activista permanente. Sin embargo, los últimos diez y ocho años representan su único contacto real con un régimen autodenominado socialista. Cuando Jeremy era joven, e influenciado por sus padres, tuvo simpatía por el anarquismo. Siempre pensó que el individuo era el principal participante en la sociedad y que las personas educadas no necesitan de un gobierno. Militares y policías no son bienvenidos, representan la autoridad por la fuerza. Sus años de experiencia le han hecho entender que hace falta algún tipo de gobierno, los seres humanos tienen muchos defectos que requieren de 'estrategias convincentes.' Los gobiernos deben ser totalmente distintos de lo que tenemos hoy en día y cree fuertemente en el valor del individuo. Cuando el individuo se comporta, no hace falta una autoridad impuesta.

Más bien le teme a las colectividades, el comportamiento de las masas es aleatorio y destructivo, la gente no toma buenas decisiones cuando las masas están a cargo. El nunca pondrá el interés colectivo por encima del interés individual; siempre tenemos la posibilidad de agrupar los individuos según sus características específicas, distinta de una necesidad utópica global y colectiva.

Por qué, hace 2500 años, pensaba Jeremy, los filósofos griegos especularon sobre las sociedades bien administradas, esas que hacen prosperar a sus ciudadanos. Estos filósofos eran los únicos que pensaban sobre la vida y sus dificultades. Ellos sugerían que una sociedad es una asociación más o menos autosuficiente de personas que comparten similares objetivos de vida, donde el mérito era uno de los principales bienes. Los griegos vivían en una sociedad donde el conocimiento era bastante importante, y algunos ciudadanos gastaban mucho tiempo discutiendo aspectos éticos. Una mayoría de griegos era adinerada, eso les permitía tiempo para pensar. Sin embargo, su sociedad no era perfecta, tenían esclavos como sirvientes. Independientemente de esa injusticia, los griegos eran excelentes en su búsqueda del conocimiento.

"¿Por qué las sociedades modernas no están tan interesadas en el conocimiento como estaban las sociedades antiguas?" pensaba Jeremy. Aún recuerda una conversación con un viejo campesino que solía cortar el monte y la grama en una casa. El viejo estaba almorzando en el porche y de pronto le dijo a Jeremy, "no hay necesidad de saber mucho, la gente solo necesita saber lo necesario para el día a día, para la subsistencia." Jeremy estaba sorprendido, un viejo que quizás no había ido nunca a la escuela diciendo que la gente no necesita ir a buscar el conocimiento. Estaba un poco molesto, siempre había buscado el conocimiento y ahora un viejo le decía todo eso. La única explicación era que el viejo nunca había tenido necesidad de conocimiento en su vida, estaba satisfecho con lo que sabia y no quería gastar mucho tiempo; no era una persona curiosa. Jeremy se olvidó de preguntar al viejo si sabía leer.

El conocimiento tiene que ver con el entendimiento, la inteligencia y el razonamiento natural. Todo ser humano conoce algo, sabe hacer algo, entiende algo. Lo importante es hacer mejor las cosas, tomemos el ejemplo de hervir unos huevos, todos sabemos hacerlo, pero eso no significa que no podemos hacerlo mejor. Muchos los hacen con un reloj y cuentan los minutos hirviendo, tres minutos, cinco minutos, etc. Hay una forma de hacerlos que no requiere de reloj. Se colocan los huevos en una olla con agua fría, se pone en el fogón y se deja hasta que comience a hervir burbujeando, se apaga el fogón y se espera un rato mientras enfría. Los huevos saldrán siempre iguales, amarillo naranja, nunca se pondrán grises. Esta nueva forma de hacerlos representa un nuevo conocimiento incorporado a la vida.

No debemos confundir conocimiento con creencias u opiniones. Las creencias son el hecho de creer en algo que puede ser aparentemente o posiblemente verdad, pero que no tenemos la certeza. La gente que cree en dios tiene la creencia pero no la certeza. Jeremy recuerda cuando era niño, no había ido nunca frente al mar y escuchó una noticia sobre un joven que fue arrastrado por una ola; en su cabeza la ola, en su creencia, era una gran burbuja donde quedó pegado el joven y se lo llevó lejos de la orilla. Por otro lado, una opinión es una actitud que expresa algo que creemos posiblemente cierto, pero que tampoco tenemos certeza. A la gente le gusta opinar, elevar su imaginación a posibles escenarios de lo que puede ser verdadero.

El conocimiento también tiene un componente que solemos olvidar la mayor parte de las veces: adquirir un conocimiento requiere de esfuerzo. Mucha gente expresa saber algún idioma sin haber dedicado el tiempo requerido para dominar la lengua. Dicen que saben el idioma, pero si alguien los increpa, demuestran su ignorancia. Para aprender bien un idioma hace falta, en promedio 7 años viviendo en un ambiente en que se practica el idioma, haciendo ejercicios orales, escritos y de lecturas.

Además, está claro que se requiere toda la vida para aprender la lengua materna, siempre hay algo nuevo que aprender, por lo tanto otras lenguas requieren por lo menos el mismo tiempo.

Jeremy recuerda un evento en que trataba de enseñar como hacer un arroz blanco a un familiar sin utilizar un reloj. Pues lo fue explicando, pero los familiares no ponían atención, no estaban interesados en aprender, no les importaba, tenían otros problemas que para ellos eran mas importantes. Si el que debe aprender no quiere hacerlo, el tiempo se pierde.

Recuerda cuando era adolescente, su padre le compró un instrumento musical, un tipo de guitarra con cuatro cuerdas, llamado 'Cuatro,' que es típico de La Pequeña Venecia. Jeremy tenía el Cuatro y un folleto, recuerda tratando de tocar, pero nunca fue capaz de producir un sonido significante. Tuvo que esperar hasta la madurez para tener la oportunidad de tomar unas clases y aprender unas cuantas canciones; fue su propio esfuerzo que le permitió aprender, así como la ayuda de algunos instructores. El suele tocar una vez al año cuando tiene la oportunidad de encontrar un Cuatro y un folleto.

Decidió visitar una vieja Universidad donde dictó clases por un tiempo, para buscar respuestas. Conoce muchos profesores, algunos son buena gente, otros no lo son tanto. Jeremy sabe que en muchas Universidades del mundo hay unos profesores que se sienten sabios sobre calificados. Son esos que quieren mantener sus visiones anticuadas, sin permitir innovación y variedad; por ejemplo, matemática pura es una carrera distinta a computación, por lo tanto deben aceptar ingenieros, arquitectos u otros tipos de profesionales afines que enriquezcan la base de conocimiento. Jeremy conoce varios casos de Profesores que tuvieron que cambiar de Departamento o salirse de la Universidad debido al acoso de los profesores, que en ciertos casos podría catalogarse como 'bullying.' Imaginen a Einstein rechazado por ser físico en lugar de matemático, no tendríamos la Teoría de la Relatividad. La evolución de la ciencia y de la sociedad requiere variedad, esos Profesores sabios deberían reconocerlo.

La Universidad está en Valle Placentero, fuera de la capital, toma una media hora desde el centro de la ciudad, sin tráfico. En aquella época, Jeremy solía manejar una motocicleta y siempre llegaba puntual a sus clases. La Universidad es bella, llena de jardines y espacios abiertos. Es un privilegio estudiar o enseñar en esa Universidad. Quería visitar a algunos compañeros, pasó primero por la cafetería. Es el mismo diseño circular con los servidores en el centro; tienen uno o dos empleados en la caja, cobrando, y los otros sirven café y emparedados. Pidió un café y se sentó en uno de los asientos de cemento. Pensaba en sus experiencias en la Universidad, la gente que conoció, las dificultades de la enseñanza y todo eso. Hoy día no están ni la mitad de los profesores que estaban en otra época, muchos abandonaron el país y comenzaron nuevas carreras en lugares que ofrecían mejor potencial de mejorar sus profesiones.

Se quedó sentado un buen rato, pero no vio a ningún conocido. Decidió caminar hacia los edificios departamentales, yendo hacia el de Inteligencia Artificial, donde solía enseñar. Había un profesor al cual apreciaba porque tenía un buen conocimiento político. Subió al segundo piso y comenzó a buscar los nombres en las puertas, reconoció algunos nombres, pero quería conversar con el profesor andino, nacido en Los Andes, pero residenciado en la capital por muchos años. Finalmente, encontró la puerta, tocó, pero no obtuvo respuesta, no había nadie alrededor.

Recuerda al profesor andino ayudándolo a establecer una base de datos para uno de sus trabajos de investigación hace años. Había preparado un formulario con muchas preguntas con respuestas múltiples. Jeremy tenía dificultad para analizar 500 a 600 entrevistas con unas cien preguntas por formulario. El profesor andino le sugirió un simple sistema de base de datos, en lugar de un sistema estadístico; le daba la posibilidad de analizar los datos de muchas maneras, usando ecuaciones como en una hoja de cálculo. En aquella época lo visitó varias veces mientras aprendía y le dio las gracias por la colaboración. Jeremy produjo un artículo y lo publicó en una conocida revista científica.

Pasó por la Secretaría para preguntar por el profesor, la señora le dijo, "El profesor está en clase, debe estar de regreso en una media hora." Decidió subir y bajar las escaleras a ver si veía algún profesor conocido, pero los corredores estaban vacíos y las puertas estaban cerradas. La explicación de la soledad de profesores era sencilla, los profesores tienen que trabajar fuera de la Universidad para completar su salario y alimentar a la familia. Se acordó de sus experiencias haciendo investigación, enseñando, hablando con profesores y estudiantes, respondiendo las preguntas de los alumnos y yendo a tomar café y almorzar con otros compañeros.

Aún recuerda una anécdota con unos Profesores de la Universidad. Salieron a almorzar a la casa de la hacienda, en una colina, con una pareja y otro profesor. Jeremy mencionaba una experiencia de una conferencia en Chicago. Se acordaba del hotel en el centro de la ciudad, donde tenía la conferencia. Había llegado al hotel tarde y con hambre. En vista de que aún había luz del día decidió salir a caminar cerca del hotel y buscar algo de comer. Recuerda yendo hacia unos restaurantes de comida rápida, estaba en el proceso de decidir a donde entrar. Comenzaba el ocaso y la luz se hacía escasa, de pronto notó que todos los que lo rodeaban no eran precisamente blancos, sino todo lo contrario, todos eran afroamericanos. Comenzó a sentirse incómodo por la forma en que se movían. Unos minutos antes no había notado nada sospechoso, había una variedad de razas y de pronto todos eran negros, actuando de manera extraña y la tarde comenzaba a oscurecer.

Les participo que Jeremy nunca ha sido racista ni mucho menos, nunca ha dicho nada contra los negros y ha tenido amigos negros en La Pequeña Venecia. ¿Por qué se sintió incomodo con los negros en la calle? Pensó que todos esos negros pegados a las paredes y caminando de un negocio hacia el otro podían ser peligrosos. Comenzó a sentirse asustado y se marchó rápidamente hacia el hotel. Entró al restaurante del hotel y buscó algo de comer. Se sintió aliviado de estar seguro de nuevo.

La Profesora era de piel oscura y se sintió aludida, dijo que no había ninguna razón de temer en esa situación, que los negros del Gigante del Norte no son mala gente y así sucesivamente. El esposo, que vivió muchos años en el Gigante del Norte dijo más o menos lo mismo, que los negros son buena gente, que no había nada que temer. Jeremy entendió que su anécdota no fue bien recibida pero mantuvo su punto de vista, no era racista pero le pareció prudente huir bajo esas circunstancias. Es un ejemplo de generalización, la gente cree que toda situación debe comprenderse siempre de la misma forma, que la gente siempre es buena, y lo peor, el argumento racista, que por ser negros se les rechaza. A Jeremy no le importaba el color de la piel, aunque fueran blancos recostados de las paredes y moviéndose rápido arriba y abajo por callejones sería sospechoso, Jeremy se hubiese escapado aunque fuesen blancos.

Finalmente Jeremy localizó al profesor andino, éste lo saludó con afecto y dijo, porque no vamos a tomarnos un café, estoy saliendo de clase y necesito agua, las clases me dan sed. Bajaron las escaleras hacia la cafetería y se sentaron en las sillas de cemento. Jeremy le explicó lo que hacía sobre los juegos y la sociedad y que quería preguntarle su opinión sobre la democracia. El profesor le respondió que ese no era un tópico que dominaba y le sugirió que mejor contactase a otro profesor de Ciencias Políticas llamado Torregas, que tenía la oficina en la Biblioteca. El profesor le explicó que la situación económica era muy mala y que se tenía que marchar al centro para atender otro trabajo que le daba un ingreso adicional. Esa era la situación para muchos de los profesores, tenían que subsistir, aunque los alumnos salieran perjudicados. El profesor le dijo que lo contactara por correo electrónico, Twitter o Facebook, que estaría gustoso de darle opiniones sobre los temas que le proponía.

Caminó hacia la Biblioteca y preguntó por el profesor. El nombre Torregas le parecía familiar pero no recordaba exactamente por qué. Encontró la oficina y el profesor le dio la bienvenida, al verlo lo reconoció inmediatamente, era un político famoso. Jeremy le explicó la razón de su visita. Torregas pareció feliz de tener un visitante. Jeremy se acordó de cuando el profesor participó en unas elecciones presidenciales hace ya varios años y salía por TV dando opiniones políticas. Fue tercero en votos en esa elección, era el único civil entre los tres candidatos, los otros dos eran militares. Actualmente solo trabaja en la Universidad.

Democracia es la forma más común de gobierno, explicaba Torregas, la sociedad está institucionalizada, los poderes son autónomos y las decisiones se toman con la participación de la gente a través de los representantes elegidos en el gobierno. Los mandatos duran ciertos períodos de cuatro o cinco años y los elegidos no permanecen en el poder indefinidamente. Las Instituciones son autónomas pero son supervisadas por niveles de control. La democracia es tan popular que inclusive los dictadores se llaman demócratas, presentando una apariencia legítima sonriendo con sus ministros.

Torregas ha estado asociado con partidos independientes y ha sido activista estableciendo nuevos partidos en el país. Parece moverse de un partido a otros con el pasar de los años, ha sido un poco volátil. Actualmente ha estado escribiendo libros sobre la situación del país y sus experiencias con el fallecido líder de la revolución.

Jeremy conoció una dictadura cuando era joven, se acuerda de un desfile en el que participó cuando era niño donde marchó en frente del dictador. Estuvo esperando por horas y la marcha propiamente dicha duró como una hora. Cogió tanto sol que le dio insolación y estuvo rojo por una semana. Recuerda los últimos días de la dictadura, mandando tropas a la calle para asustar a los ciudadanos. En esa época Jeremy vivía en una pequeña casa del centro de la capital y oyó a los soldados marchando cerca de su ventana, no se atrevió a abrirla y se quedó mudo mientras terminaban de pasar.

Sabía que había problemas en el país en esos momentos, pero era muy joven como para comprender lo que sucedía y quién podía estar en lo correcto y quién en lo errado. Se acuerda cuando su padre retiró de la pared la foto del dictador en el negocio de lavandería que tenían; los propietarios eran forzados a tener la foto del dictador en lugares visibles de los negocios. Se enteró mucho después que algunos de los empleados del ministerio del dictador eran clientes de la lavandería.

Uno de los grandes defectos de la democracia, decía Torregas, es la posibilidad que tienen los ciudadanos de votar por una opción sin tener información suficiente o carecer del conocimiento sobre las implicaciones de sus decisiones. En muchas ocasiones, la gente vota por un candidato sin conocerlo, sin saber las consecuencias de esa opción, o sin entender lo que está en juego. Mucha gente vota por una moción porque alguien les sugirió esa opción o porque tenía mucha propaganda a favor, no porque la gente hubiese investigado y estudiado sobre lo que se necesitaba. Muy poca gente está consciente de su voto, la mayoría de las veces es una decisión superficial.

En muchas ocasiones, decía Jeremy, la gente vota por simpatía o familiaridad con algún enfoque o candidato, pero no porque están seguros de lo que hacen. Por amistad o por interés representan posibilidades en las decisiones, a veces la gente vota contra un enemigo o contra una opción desagradable. Si la democracia sigue por ese camino, las sociedades no resolverán sus problemas básicos. Lo mismo que ocurre con otras estructuras complejas, la democracia debe someterse a críticas, no es precisamente la Copa Sagrada.

En democracia, explicaba Torregas, popularidad es un gran mecanismo de tomas de decisiones, la gente vota por una cara bonita, o por un nombre famoso, independientemente del mérito real del candidato. La mayoría de la gente es superficial, y los políticos se aprovechan de esa realidad. Tomemos por caso un empresario o un militar, personas sin mucha preparación para una responsabilidad política, pero con mucha popularidad. Si nos guiamos por la profesión, nunca deberíamos considerarlos como candidatos; sin embargo, si son personas que se han cultivado y aprendido los temas políticos, pudiesen ser considerados. Los candidatos son usualmente bien conocidos en la comunidad, e independientemente de que no poseen méritos políticos han sido nombrados para el puesto. Mucha gente votará por ellos en las elecciones, unos votantes piensan que saben lo que hacen, otros siguen a la multitud o las tendencias. No es una buena idea elegir a un militar o a un empresario, ellos no están preparados para esa responsabilidad, es mejor elegir un filósofo para el cargo, ellos ven el mundo con mejor perspectiva y llenos de dudas.

Si usted quiere ser un competidor, necesita aparecer en la prensa, los medios sociales, los foros comunitarios y así sucesivamente. No es un problema de estar en lo correcto o estar errado, es pura y simple popularidad. En algunos casos la popularidad aumenta pues los otros candidatos hicieron ofertas equivocadas y perdieron popularidad. La democracia tiene muchas ventajas, pero a la vez tiene muchas desventajas. ¿Qué sucede en una votación cerrada, 51% versus 49%? ¿Por qué la 'mayoría' (50% más uno) aplasta a la 'minoría' (50% menos uno)? La mitad y mitad significa que tenemos un problema, una mitad se sentirá feliz, mientras que la otra mitad será infeliz. Mitad y mitad significa que hay que devolverse y convencer al menos a la mitad de esa mitad para obtener las tres cuartas partes de aprobación. Dos tercios o tres cuartas partes a favor serían una solución aceptable, pero estar mitad y mitad no lo es.

Intentando dar un ejemplo de conteo de votos, Jeremy tomó el caso de una elección: hay tres candidatos, todos conocidos por los electores, de una manera u otra. ¿Cómo será la distribución de votos entre los candidatos? En la mayoría de los casos será de un tercio para cada uno. La razón es que todos los candidatos son conocidos por los votantes. Claro está que en ocasiones la distribución será distinta, cuando unos son más populares que otros. Es cuestión de popularidad, "Yo conozco a ese candidato, salió en la TV." No es que usted sabe que un candidato es superior intelectualmente al otro y que es capaz de hacerlo mejor, ¡No!, es solo que usted oyó sobre él y eso lo hace merecedor de su voto.

Tomemos un ejemplo conflictivo, establecer leyes sobre el aborto en términos de permitirlo o no. Una cantidad apreciable de gente estará de acuerdo y otros tantos en desacuerdo. No es conveniente hacer leyes favoreciendo a un grupo en contra del otro; la sociedad debe permitir lapsos de discusión para estudiar las consecuencias éticas del aborto. Lo mejor sería no ser tajante y general, sino flexible y particular; se debe establecer en cuales casos puede permitirse el aborto y en cuales no; hay que establecer que tipo de ayuda psicológica y económica se le dará a las madres obligadas a correr con el cuidado de niños que vienen al mundo con rechazo.

El Socialismo Absurdo, según Torregas, funciona bajo un disfraz democrático, se benefició de esa apatía de la gente por conocer los asuntos públicos y tomó el poder sin merecerlo. El Socialismo Absurdo usó las Instituciones democráticas para llegar al poder y entonces, con el tiempo, comenzó a cambiar su máscara democrática, convirtiéndose en un gobierno de Socialismo Ortodoxo que castiga a la gente.

Si la democracia va a subsistir, dijo Jeremy, es importante establecer una base de conocimiento durante las elecciones, que contenga detalles sobre un candidato u opción, presentando una opinión informada al público. Esa investigación la pueden realizar individuos o grupos y debe publicarse para hacerla disponible a la gente; se requieren debates y discusiones para mejorar el conocimiento político. Son los filósofos los que deben tomar la iniciativa y producir explicaciones objetivas que lleguen al público en general. Son los filósofos e intelectuales los que deben conquistar el mundo, los charlatanes no son bienvenidos.

Torregas pensaba también como un filósofo, siempre dudaba sobre la razón de las cosas y cambiaba de un partido al otro de acuerdo con sus creencias. Decía que la democracia está asociada al capitalismo para resolver los problemas económicos. Dijo, "El dinero es un concepto abstracto, independientemente de su representación física concreta en billetes y monedas; además hoy en día todo es plástico como sabemos."

Continuó diciendo que el dinero está aquí y seguirá presente, no hay manera de deshacerse de él. Ni siquiera los fanáticos del socialismo pueden vivir sin él. El problema es la administración del dinero, cómo manejar los ingresos y decidir los gastos, esa es la cuestión. La diferencia básica entre las alternativas estructurales políticas es la gerencia del dinero. El capitalismo es completamente distinto del socialismo. Uno impulsa la libre empresa, el otro busca subsidios económicos para la población.

Torregas enfatizó que el régimen de Socialismo Absurdo ha improvisado demasiado, no es una copia de la Isla, Corea del Norte, China, ni de cualquier otro régimen, sino un tipo de gobierno que utiliza la prueba y error, empujando a los ciudadanos al precipicio. Muchos ciudadanos están experimentando su peor dilema de hambre en los últimos siglos.

Antes de despedirse, Torregas le sugirió a Jeremy leer varios libros que ha publicado sobre el régimen y sobre la democracia en el mundo. Jeremy escribió los nombres de los libros y le dio las gracias al profesor. La conversación fue fructífera, la democracia es muy importante en esta época pero está llena de defectos que deben ser corregidos. Lo más importante es eliminar los concursos de popularidad en la selección de los futuros dirigentes; la democracia merece que sean los mejor preparados los que lleguen al poder.

Capítulo 6: Sociedad en La Plaza Libertador

Jeremy caminaba por La Plaza Libertador, ubicada en el centro de la capital. La Plaza es muy famosa, la gente la visita caminando con sus familiares los fines de semana, y comen palomitas de maíz, helados y caramelos. Hay una estatua ecuestre del Libertador, cabalgando su caballo, en el centro de La Plaza. Está hecha con bronce oscuro sobre un pedestal de mármol, es muy impresionante y de unos cinco metros de altura. El Libertador es la figura más importante de la historia del país. El Libertador viniendo de una familia rica fue capaz de arriesgar su vida y su fortuna por liberar al país; la gente debería arriesgar su vida para liberar La Pequeña Venecia de la Dictadura Socialista.

En los últimos años, algunas esquinas de La Plaza se han transformado en refugio de la propaganda política. Gente que favorece al gobierno suele plantarse a molestar a los peatones que deambulan con su propaganda a favor del líder de la revolución. Jeremy solía pasar por La Plaza, durante muchos años, pues dictaba algunos cursos por allí cerca. La estación del subterráneo está solo a una cuadra de La Plaza, es el mejor medio de transporte para movilizarse en el centro. La institución donde Jeremy enseñaba está a unas cuatro cuadras de La Plaza. Hoy, iba solo a caminar un rato, para observar cómo se había transformado, antes era un lugar agradable para distraerse un rato, ahora era un centro de propaganda del régimen. Vio mucha gente sentada aquí y allá, pero esta vez no vio grupos políticos molestando gente.

Una sociedad humana, continuó pensando Jeremy, está compuesta por personas envueltas en relaciones persistentes. Una sociedad es un gran grupo social que comparte los mismos territorios geográficos o sociales, usualmente sujetos a la autoridad política y las expectativas culturales dominantes. La gente se caracteriza por patrones de relaciones (relaciones sociales) entre individuos que comparten la misma cultura e instituciones; una determinada sociedad puede describirse como la suma total de esas relaciones entre los miembros que la componen. En las ciencias sociales, una sociedad frecuentemente demuestra estratos o patrones de dominación en los subgrupos.

La sociedad es una agrupación de personas que mediante cooperación mutua cumple los fines de la vida. Las sociedades disponen de leyes que deben ser cumplidas por los ciudadanos; las leyes deben hacerse para incrementar la prosperidad de los ciudadanos. La sociedad esta plagada de desigualdades, hay algunos que nacen con mejores condiciones que otros. Si eres hijo de un pobre, tus oportunidades de superación se verán menguadas. Los que nacen pobres tendrán menos capacidad de vivir mejor durante su vida útil. Aquellos que nacen en familias pudientes usualmente tienen mejores chances de vivir una vida prospera.

Jeremy nació en un hogar de gente trabajadora, no había ricos alrededor. El tuvo sus oportunidades en la vida, las cuales aprovechó, principalmente estudiar y trabajar. Considera que ha tenido una buena vida, criando a sus hijas, compartiendo con sus nietos, paseando y disfrutando un poco, y retirándose para dedicarse a sus intereses filosóficos propios. Le hubiese gustado viajar un poco mas alrededor del mundo pero sus limitaciones financieras no se lo permiten. Siempre le interesó ser útil y contribuir a la sociedad con sus habilidades. Nunca tuvo un interés simplemente económico en las cosas que hacia; la cuestión económica era colateral, aunque decisiva cuando había un gran desbalance que impactara su capacidad de subsistencia.

Mientras caminaba por La Plaza, divisó a su compañero el profesor Naveda, que aún enseña algunos cursos en el mismo instituto, "Como estás Naveda, hace tiempo que no hablamos, ¿Qué cursos estás dictando ahora?"

"Hola, ¿Cómo estás tú? Yo estoy bien, metido en muchas actividades. Enseñó al nivel de Graduados, principalmente asesorando a los estudiantes. Solo enseño uno de mis antiguos cursos sobre computadores y sociedad. Ya sabes cómo cambia la tecnología en un par de años y el efecto de esos cambios en la sociedad. Es difícil estar al día con todos esos nuevos conocimientos."

"Que bueno, tú eres el que estoy buscando para entender algunos conceptos sobre la sociedad." Jeremy gastó un tiempo explicándole los principales conceptos que manejaba, su enfoque para entender la sociedad y lo que pensaba sobre política y juegos.

Naveda es un buen tipo, sabe cómo comportarse en la arena política del instituto. Trabajó bien con representantes de la oposición así como con los representantes del gobierno, tiene una clase de simpatía hacia la gente que va más allá de la política. Jeremy tiene muchas anécdotas sobre antiguos profesores del instituto, una se refiere a un profesor que lo llamaban 'SinDi' pues no visitaba el dentista con mucha frecuencia, estaba sin dientes. Cuando se reía, una sombra oscura aparecía del lado izquierdo, demostrando su falta de molares. Otro profesor era 'orejas cola de caballo' pues tenía cabellos tan largos en sus orejas que podía hacerse una cola de caballo. Y otro al que le regalaban empaques gigantes de desodorante por su mal olor del sudor. Había otro de piel oscura que olía a licor cuando bajaba las escaleras del instituto.

"Por qué no vamos a tomarnos un café y hablamos un rato de todos esos conceptos. Si quieres te brindo una torta de queso con fresas, yo pago" dijo Jeremy.

"Te agradezco la torta, pero sufro de diabetes tipo dos y no puedo comer mucha azúcar. Vayamos más bien por el café, conozco un lugar donde solían hacer excelente expreso."

"Seguro, vayamos" dijo Jeremy. "Sabes que el lugar donde me he tomado los mejores expresos fue Italia. Estuve allá hace un par de años y no importa dónde te lo tomas, el café es excelente."

"¡Que suerte tienes! Tener la oportunidad de viajar y tomar el mejor café del mundo. Aquí, en La Pequeña Venecia, el café ya no es bueno como antes, ya sabes, el gobierno es el principal productor de café, lo mezclan con aserrín y otras substancias. Bueno, qué le vamos a hacer, esto es lo que tenemos, espero que no nos caiga mal." Dijo Naveda.

"Eso es correcto, ahora hay que tener cuidado con lo que comemos y las medicinas que consumimos, la gente se intoxica con comida y medicinas hoy en día."

Recuerda cuando trabajaba con Naveda, tuvieron muy buenas experiencias preparando el Currículo, definiendo proyectos para los estudiantes o preparando los calendarios de exámenes de tesis. Jeremy recordó lo bien que la pasó trabajando con Naveda, el trabajo parecía fácil y divertido. En ese instituto, Naveda fue su mejor compañero de trabajo. Es posible afirmar que ellos eran como John Lennon y Paul McCartney de los Beatles, todo lo que componían era exitoso y se sentían satisfechos de su trabajo.

Muchos profesores intentaron algunas iniciativas de hacer investigación en multimedia, redes neuronales, ingeniería del software; no tuvieron oportunidad de triunfar por la naturaleza socialista de las autoridades. El instituto no propicia investigaciones fundamentales, sugerían solo investigación aplicada, orientada a resolver problemas de la comunidad. Este es el enfoque típico de los regímenes socialistas, en lugar de tener mente abierta y permitir variedad, pretenden orientar todo a aplicaciones sociales, limitando la libertad de investigación. En la vida hay que tener balance; la variedad es un regalo bien merecido.

Naveda reflexionaba, "Como sabes, en La Pequeña Venecia, un grupo de izquierdistas se beneficiaron de la ignorancia de la población en materias relativas a una sociedad bien administrada. Además, los militares están al mando y la población les tiene miedo."

"La sociedad tiene un impacto en los individuos pues regula su comportamiento; los individuos están restringidos por leyes y tradiciones culturales, el gobierno impone sus restricciones."

"Todos sabemos cuántas compañías han quebrado en los años recientes debido a la estrategia económica equivocada" dijo Naveda, repitiendo lo que todo el mundo sabe.

De forma más amplia, explicaba Naveda metiéndose en el tema, una sociedad puede ilustrarse como la infraestructura económica, social e industrial, conformada por una variedad de individuos. Del otro lado, la sociedad debe estar influenciada por buenos políticos que propongan mejores maneras de administrar la sociedad.

La definición de sociedad le trajo a colación a Jeremy los problemas que ocurren en los edificios de condominios. Pensó que esa era una buena analogía: sociedad y condominios. Recordó los graves problemas en el edificio donde vivió hace muchos años. En un condominio hay varias instituciones: la consejería, la seguridad, el mantenimiento, la administración, la parte legal, las relaciones entre vecinos y así sucesivamente. Los problemas en los condominios son similares a los que suceden en la sociedad, los propietarios quieren que los directivos del condominio ejerzan todas las funciones mientras ellos solo entran y salen del edificio. Los vecinos son muy cómodos, solo saben criticar pero no colaborar. Agreguemos a eso los problemas personales entre vecinos y la situación se convierte en una bomba de tiempo. La similitud del condominio con la sociedad es notable, en la sociedad sucede lo mismo, la gente va a su trabajo, atiende a su familia y observa al país confortablemente desde su casa; no es problema de ellos si los gobiernos son malos, esperan las elecciones para cambiarlos, pero no exigen mejoras inmediatas, son pasivos totalmente.

Naveda encontró apropiada la analogía, le pareció mejor que la analogía entre familia y sociedad, que también es posible. Por eso dijo que mientras grupos de vecinos no ejerzan la acción directa, nada sucederá en el condominio o en la sociedad. Es utópico pensar que todos los vecinos se van a movilizar, basta con un grupo numeroso para ejercer presión y lograr los cambios que hacen falta. Cómo puede una directiva permanecer por años sin dar cuentas de los ingresos y gastos, y sin realizar el mantenimiento al edificio. En las sociedades pasa lo mismo, los gobiernos no dan cuentas, no producen, y no solucionan nada.

Naveda quiso introducir un tópico importante, un componente cultural que hace la diferencia, cada país puede tener una visión particularmente distinta en temas similares. Es bien sabido que hay países en que la gente no permite las irregularidades, hay grupos de presión en la sociedad que demandan sus derechos y lo hacen a plena voz. Si las instituciones no están cumpliendo, estos grupos intervienen y hacen que la sociedad tome un rumbo apropiado.

Pensando en la cultura del país, Jeremy dijo, "Ya sabes lo difícil que resulta salir de este mal gobierno que tenemos en el país. La gente quiere políticos que tomen decisiones y los políticos quieren que la gente se involucre en las tareas políticas."

"Cuando un gobierno domina políticamente todas las Instituciones, puede hacer lo que quiera, inclusive destruir el país enfrente de nuestras narices. Es una verdadera desgracia administrar un país como si fuera un abasto, el propietario siendo el que decide que vender y que comprar y a qué precio, en lugar de promover el libre mercado." Naveda entendía que sin la participación de la gente los cambios son imposibles.

Hay un aspecto que siempre me ha intrigado, decía Jeremy, la sociedad es como un monstruo de mil cabezas y cada una tira por su lado. Los gobiernos tienen una agenda establecida que no coincide con los deseos de la población, ellos van por su lado y la gente por otro. Además, los ciudadanos no tienen canales eficientes para plantear sus preocupaciones. Los ciudadanos tienen su visión de cómo debe funcionar la sociedad y en la práctica se encuentran con muchos obstáculos. Cuando alguien no está de acuerdo con alguna normativa, no hay manera de hacer planteamientos para abolirla o cambiarla. Del otro lado, los gobiernos no parecen interesados en escuchar al ciudadano, quieren seguir su programa de trabajo ciegamente, como máquinas poco inteligentes.

Naveda escuchaba tranquilamente, parecía reconocer una preocupación corriente en la sociedad. Luego de un instante, le explicó a Jeremy que estaba en lo cierto, que muchos ciudadanos no encuentran la manera de intervenir en las normativas vigentes, que se sienten frustrados por la separación entre ellos y los tomadores de decisiones. Todas las sociedades sufren de estas debilidades, pero hay algunas que tratan de mantener contacto constante con los ciudadanos para intervenir a tiempo en las mejoras de la sociedad.

Las sociedades modernas no deberían ser opresivas al individuo, al contrario, una sociedad debe promover mejoras y adaptarse a las necesidades de los individuos. Jeremy mostraba sus preocupaciones individualistas, donde la colectividad se crea alrededor del individuo. No hay una única colectividad, pueden haber muchas. Para Jeremy, el tema de colectividad versus individualidad es de suma importancia. El término colectividad es una abstracción para poner a todos bajo el mismo paraguas. Si la colectividad lo hace bien todos son felices, pero si no lo hace es difícil identificar al culpable. Tomemos el caso de un departamento de policía, si lo hacen bien los ciudadanos están felices, pero si matan a inocentes, la gente se queja. La falla se le achaca a la policía como término genérico a sabiendas de que la culpa fue de un error o mala práctica de un miembro. En una sociedad, el término colectividad generaliza a todos bajo el mismo patrón de necesidades, conocimientos, ingresos, y así sucesivamente. Todos sabemos que hay diferencias entre individuos por lo tanto es injusto poner a todos bajo el mismo punto de vista.

"El problema en La Pequeña Venecia es que los líderes quieren quedarse en el poder para seguirse beneficiando del ingreso petrolero y seguir siendo importantes y aparecer en los medios" dijo Naveda, pensando en cómo el egoísmo afecta a los individuos.

"Otro aspecto es que los individuos no son iguales, y el gobierno tiende a poner a todos bajo el mismo techo; trabajadores sin preparación encargados de grandes empresas sin el conocimiento apropiado" dijo Jeremy recordando al anarquismo.

Se sintió en su terreno, sus padres fueron trabajadores y luchaban por sus derechos y añadió, "La participación de los trabajadores no es mala, lo que es malo es hacerlos participar por obligación, como para cumplir una cuota, diciendo que son los dueños según la ley, sin tomar en cuenta sus capacidades."

"Es el viejo sueño Marxista de la dictadura del proletariado, donde los trabajadores se convierten en los amos y éstos pasan a ser los esclavos." Dijo Naveda, que fue Marxista muchos años atrás y está de acuerdo con que los obreros hagan su parte, diferente de la responsabilidad estratégica y de gerencia.

En Sociología, continuaba Naveda, el capital social es el beneficio colectivo o económico que se espera lograr por el trato preferente y la cooperación entre individuos o grupos. Las redes sociales promueven valor y servicios a la sociedad. El capital social puede medirse por la cantidad de confianza o 'reciprocidad' en una comunidad o entre individuos. Hoy en día, el régimen ha concentrado todos los servicios en el gobierno, diciendo que ellos están a cargo de toda la producción del país.

"Según mi experiencia, este régimen no ha mejorado el capital social, estamos peor que en Haití."

Luego de 18 años en el poder, explicaba Jeremy, los socialistas han demostrado ser un desastre. El régimen no ha mejorado el capital social, en otras palabras, las redes de producción y distribución han sido desmanteladas por decreto, el hambre y la escasez van a seguir creciendo y la gente va a morir poco a poco. Es adrede que el gobierno elimina las redes de producción y distribución privadas, quieren lealtad total del pueblo, hasta hacerlos arrodillarse, rogando comida y medicinas. Es una vergüenza.

El capital humano, continuaba Naveda, desde el punto de los individuos, son las competencias, conocimientos, hábitos, atributos personales y sociales, incluyendo creatividad, habilidades cognitivas, alrededor de la capacidad de generar trabajo y para producir valor económico. El capital humano toma en consideración la importancia del individuo por encima de la colectividad. Tomando conjuntamente, el capital social y el humano, definen el potencial de las redes de producción y distribución en la comunidad. "Si el capital humano es alto, pero el capital social es bajo, no hay ninguna ventaja para la sociedad."

Naveda explicó, "El colectivismo ve al grupo como la principal entidad, dejando a los individuos olvidados en el camino, los juntan en un grupo masivo. Puede afirmarse que los socialistas hacen esto para simplificar las cosas, no quieren molestarse mucho en las diferencias y aplican la igualdad indiscriminada."

Los colectivos son un grupo de individuos, continuó Naveda, enlazados estrechamente y que se ven a sí mismos como parte de un todo, sea una familia, una red de trabajadores, una tribu, o una nación. El grupo tiene sus valores propios, que son distintos, en cierta forma, de los miembros individuales. El grupo determina sus propios pensamientos y creencias. En lugar de juzgar al grupo como un conjunto de individuos interactuando, lo juzga como un todo, posicionando a los individuos pensando lo mismo. Es cierto que la gente crece dentro de una cierta cultura, pero deben tener la posibilidad de aceptar o rechazar sus mandatos. Solo por ser parte casual de esos grupos no te obliga a actuar de la forma que te señalan. La gente debe tener la última palabra, su libre determinación debe ser una opción.

"Si, pero los individuos que no comulgan con el régimen van a sufrir discriminación. Si tienes una familia que proteger, es mejor que te subas al tren del régimen, al menos que quieras que se mueran de hambre" dijo

Jeremy. El ha sido siempre un rebelde promoviendo la opinión libre, los socialistas no aprecian la rebelión.

Naveda estuvo de acuerdo, "Claro, mucha gente ha sufrido durante estos años, el régimen es una dictadura disfrazada, controlando toda la producción y todas las Instituciones."

"Pero entonces ¿qué tipo de sociedad tenemos que luchar por generar?" preguntó Jeremy poniéndose un poco angustiado por soluciones.

"Quizás ninguna en particular, no hay mucha diferencia entre ellas. Es la cultura la que determina la sociedad, no al revés. Tal como ya han sugerido los filósofos, incluyendo a Platón, se necesita un gobierno con hombres de mérito y honor, cada hombre y mujer según sus habilidades, pero no según su incompetencia." Contestó Naveda.

"En esa afirmación, hay un punto de vista implícito sobre una élite a cargo. Y las élites pueden estar equivocadas también. Yo diría que se necesita gente preparada, esos que puedan administrar y tengan el deseo de hacer las cosas mejor, que sean capaces de organizar el país y producir prosperidad para todos." Jeremy pensaba además en la necesidad de intelectuales que hagan el trabajo teórico.

"Es cierto, si la gente no está educada, solo prueba y error se convierten en las herramientas a usar, y ya se sabe que la prueba y error es costosa y toma generaciones." Continuó Naveda.

"Pensar antes de actuar es la mejor estrategia." Pensaba Jeremy como buen filósofo.

Aquellos que no tienen imaginación, decía Naveda, son incapaces de gobernar un país, no son capaces de prever el futuro. Según Platón en La República, todo individuo está en su mejor posición cuando hace lo que es más capaz de hacer. Por ejemplo, un atleta debe perseguir la excelencia física, un artesano la excelencia en sus artes, y un líder debe perseguir la justicia.

Los individuos deben mantener un balance en tres áreas:
- Razón, (mente e intelecto) que busca la verdad;
- Espíritu, (empuje y voluntad) que busca el honor;
- Apetito, (deseo y emoción) que busca bienes materiales (seguridad, comida, bebida, sexo, y dinero)

En el modelo de Platón hay tres clases de actores principales del Estado:
- Los Guardianes, que aman sobretodo el conocimiento y la verdad. Mandan en el Estado.

- Los Auxiliares, que aman sobretodo el coraje, el honor, y su patria. Defienden el Estado.
- Los Productores, que aman sobre todo los frutos de su labor, la seguridad, el confort y los bienes materiales. Suministran las necesidades funcionales y materiales del Estado.

Presente a través de todo el trabajo de Platón se encuentra la yuxtaposición de *apariencia* y *realidad*. Platón está deseoso de mostrar que no podemos juzgar la verdad en base a lo que parece ser. Necesitamos razonar y cuestionar, para colocarnos por encima de la apariencia y más cercano a la verdad.

Jeremy, que también leyó La República, dijo, "El libro de Platón trata aspectos prácticos tales como la naturaleza de la justicia, la condición humana, y la base del orden social y poder político. Por qué las sociedades modernas no siguen esas recomendaciones?"

El explicó que según Thomas Hobbes, la cooperación no puede desarrollarse sin una autoridad central, y se necesita un gobierno fuerte: la mancomunidad. Hobbes escribió Leviathan, introduciendo la idea del hombre sin gobierno viviendo en un estado perpetuo de Guerra, en constante miedo y ansiedad. Por lo tanto, se requiere un Estado o mancomunidad con el único propósito de proteger la vida de esos que viven en él. Los ciudadanos tienen obligaciones con ese Estado. La obediencia al Estado no está en conflicto con las leyes divinas, pues es propio de dios obedecer las leyes civiles. Esos que no aceptan vivir en el nuevo Estado están condenados a vivir en la Oscuridad. La necesidad de un gobierno parece garantizada, sin embargo, lo que no es aceptable es concentrar todo, producción, distribución y la Constitución en manos del gobierno. La Producción y la Distribución pueden ser manejadas por empresas privadas, dejando al gobierno solo las funciones reguladoras y controladoras; la Constitución debe ser manejada por poderes independientes que buscan justicia.

Naveda añadió, "Las funciones reguladoras y controladoras parecen responsabilidades más que suficientes para un gobierno. ¿Por qué quieren concentrar tanto poder con su burocracia?"

"El gobierno socialista quiere perpetuarse en el poder, pasando su poder a las nuevas generaciones, de padres a hijos e hijas, y luego a nietos y nietas. Luce como una forma aristocrática de socialismo."

Con su instinto natural educativo, Naveda quiso ayudar a Jeremy en su investigación y sugirió, "Según lo que me has presentado, necesitas un modelo o basamento para estructurar la noción de sociedad. Para mí, las palabras claves para una sociedad son justicia y producción."

La justicia envuelve ecuanimidad, ley y orden, continuó Naveda. Producción incluye todas las actividades necesarias en una sociedad que benefician a sus ciudadanos, tales como suministro de comida, medicinas, aparatos eléctricos y todo tipo de servicios. Hay actores que pertenecen a la comunidad, la gente; hay infraestructura que incluye edificios, fábricas, hospitales, escuelas, y autopistas. Algunos ejemplos de actividades son educación, salud, transporte, recreación, comunicación y tecnología.

¿Qué hace a una sociedad socialista diferente de una capitalista? preguntaba Jeremy. ¿Tienen distintos objetivos? ¿O son los mismos objetivos pero por distintos medios? Los objetivos de cualquier sociedad, pensaba Jeremy, deberían ser equivalentes, pero nos encontramos con el punto de vista del individuo versus la colectividad y la pura ganancia financiera versus el bienestar social de los socialistas que hacen también una diferencia.

Naveda añadió, "Creo que cualquier sociedad debe dar prosperidad a sus ciudadanos, independientemente del enfoque político. Una sociedad que no prospera está condenada a la destrucción. La noción de prosperidad debe ser el alma y corazón de cualquier sociedad."

"Esa es la gran desventaja del socialismo, no ha demostrado su factibilidad. Todo lo que ha sugerido es prueba y error" dijo Jeremy, que no soportaba la improvisación del régimen socialista.

Antes de despedirse de Naveda, Jeremy se acordó de algunos reclamos que hicieron los profesores del instituto y conversaron un rato al respecto. Cuando el régimen socialista ortodoxo llegó al instituto, años después que el líder de la revolución tomó el poder, la primera cosa que hicieron fue beneficiar a sus seguidores y castigar los opositores. En vista de que muchos profesores habían criticado al gobierno; eran bien conocidos en el instituto. Jeremy recordó un evento, durante la huelga petrolera, cuando unos profesores amenazaron con secuestrar al presidente de la Asociación de Profesores, por haber dicho que no pasaba nada en el instituto, cuando en realidad estaban todos en huelga. Las caras de sorpresa que pusieron los directores socialistas ante la amenaza de los profesores lució ridícula.

En otra situación, las autoridades abrieron un concurso de oposición para distribuir trabajos permanentes y dar tenencia de cargos. A muchos de los profesores opositores que estaban por contrato a tiempo completo solo les ofrecieron posiciones a medio tiempo o tiempo parcial pues no eran leales al partido socialista. En esa época, había un famoso profesor, igual al guitarrista Carlos Santana, que estaba relacionado con el concurso y a cargo del Departamento. No fue capaz de sugerir una salida para que esos profesores no salieran perjudicados y obtuviesen su puesto a tiempo completo tal como lo merecían. Algunos profesores se quejaron a las autoridades, pero éstas mintieron, diciendo que esos errores se resolverían después del concurso. Al fin de cuentas, esos profesores tuvieron que quedarse con sus posiciones a medio tiempo y tiempo parcial, con remuneraciones que no permitían pagar las deudas.

Según Jeremy, el profesor a cargo del Departamento pudo sugerirles protestar ante el Ministerio de Educación y obtener una orden de suspensión del concurso y revisar las ofertas de dedicación de los profesores a medio tiempo y tiempo completo. Jeremy nunca olvidará esa mala decisión, el destino injusto de los profesores afectados los seguirá durante toda su vida.

La otra profesora a cargo de la institución, es una radical a favor del líder de la revolución, se parece físicamente a la esposa del presidente negro del Gigante del Norte; pero mala gente, no tenía simpatía hacia los seres humanos. Ella no tenía vergüenza persiguiendo a los Profesores opositores, acosándolos sin piedad. Una vez discutía con algunos Profesores diciéndoles que su número de identificación en ciertos documentos era incorrecto, que había chequeado en la base de datos del gobierno. Ella usaba esa información para castigar a los que habían firmado contra el líder de la revolución, siguiendo los lineamientos de la Lista Discriminatoria. Es increíble que una institución educativa, que debe favorecer múltiples puntos de vista, se preste a triquiñuelas y sea tan cerrada de mente; esos Profesores discriminadores no merecen pertenecer a la comunidad.

El régimen utilizó la discriminación política para aplastar a los opositores. Los amigos de Jeremy resultaron seriamente golpeados por los burócratas del régimen. "Recuerdo lo mal parada que quedó la gente con las acciones de los administradores de las Instituciones Públicas, ellos botan o desmejoran a los trabajadores por su pensamiento político" recordaba Jeremy.

Sus amigos coincidían, "Era horrible, increíble según ciertos estándares sobre derechos humanos. Discriminación a causa de las ideas de la gente es intolerable."

En los años de la democracia, antes de que el régimen de Socialismo Absurdo tomara el poder, no era tan peligroso estar en contra del partido en el poder; eran los años en que la discriminación no era tan severa. El líder de la revolución comenzó una persecución fenomenal contra los opositores; sus cómplices estaban en las Instituciones Públicas, identificaban quién estaba a favor y en contra del líder. Usaban la Lista Discriminatoria para castigar a los opositores. Usaron su poder administrativo para perjudicarlos; por ejemplo, no dando trabajo a tiempo completo a los opositores, u obligando a jubilarse, o inclusive despidiendo debido a sus ideas. La discriminación por las ideas es el peor tipo de castigo que puede sufrir un ser humano; es preferible ser discriminado por ser negro, por ser pobre, o por no tener dinero para comprar productos, que ser discriminado por oponerse a un régimen malsano. El líder de la revolución discriminaba a los opositores dejándolos sin trabajo, sin servicio de gas, y últimamente el presidente los deja sin comida regulada a bajos precios, creando largas colas y dando paquetes de comida solo a los que se registran en las listas de patriotas del gobierno.

Las experiencias diarias de Jeremy representan la forma normal de vida de muchos ciudadanos del país. Razonar sobre la manera en que la gente piensa sobre la vida y sobre lo que es justo o injusto, permite establecer una estructura de entendimiento de las dificultades del día a día. Como humanos, buscamos más o menos los mismos objetivos: vivir, prosperar, educarnos, ser reconocidos, y dar una contribución a la sociedad. Independientemente del régimen político en que vivamos, todos queremos vivir mejor. No es aceptable llevar a toda una población por el desfiladero, si los socialistas no cumplen hay que salir de ellos.

El capitalismo tiene muchas desventajas, pero el socialismo es peor. El socialismo no es viable, no tiene una sólida estructura de conceptos. No toma en cuenta la naturaleza humana, con sus defectos, diferencias, y su variedad, quiere hacernos a todos iguales a un estándar imaginario, inventado por los burócratas en el poder. Considere el dinero, no hay país en el mundo que pueda funcionar sin él, el dinero es el excremento del Diablo. Sin embargo, los socialistas todavía mantienen las nociones de dinero y beneficios, el capital está allí presente y lo aceptan. "Quiero que el precio del barril de petróleo sea de más de 50 dólares" dijo el presidente. Tanto socialismo como capitalismo requieren dinero para sobrevivir, ¿Por qué los socialistas creen que pueden vivir sin la influencia perversa del dinero?

Algunos amigos de Jeremy no están de acuerdo con el capitalismo orientado a incrementar solamente la cantidad de dinero que se tiene en el banco. Desean un capitalismo que genere trabajo, que ofrezca oportunidades y que haga prosperar a la gente. Nadie está forzando el capitalismo como la solución, pero es mejor que el socialismo.

Reflexionando sobre la conversación con Naveda, una sociedad bien administrada requiere reconocer a esos que promueven fuerzas para mejorar. El gobierno debe estar formado por hombres y mujeres capaces de ejercer sus deberes.

Capítulo 7: Política en La Universidad Central

Nuyma es amiga de Jeremy desde que era una niña. Sus padres solían salir los fines de semana junto con la familia yendo a su casa o a la playa. Jeremy recuerda principalmente cuando iban a las playas; además de nadar, se montaban en los árboles y caminaban alrededor por las montañas cercanas. El padre de Nuyma era vendedor de comidas importadas en lata que distribuía a los supermercados locales; era un negocio que le permitió vivir bien, pero nada más. El señor solía visitar a su padre en la lavandería y hablaban de muchas cosas, de política u otros temas.

Una anécdota sobre Nuyma es que estuvo enamorada de Jeremy desde que era joven, pero Jeremy nunca estuvo interesado en ella. Jeremy recuerda algunas amigas de Nuyma que le llegaron a gustar mucho más que ella. Nuyma era fuerte y le gustaba mucho comer, se tragaba un tomate entero en un solo bocado, imagínense manzanas o peras, no duraban mucho en la dispensa. Dejemos lo pasado, hoy Jeremy lo que quería era hablar sobre socialismo y capitalismo.

Ella estudió Sociología en la Universidad, era una buena candidata para dar ideas sobre estrategias políticas y explicar los sufrimientos de La Pequeña Venecia. Ella es profesora en la Universidad y hace algo de investigación en su área. Jeremy la contactó y se encontraron en la Universidad Central, en uno de los corredores por donde pasan los peatones y la gente conversa. Jeremy también estudió en la misma Universidad, fue una oportunidad maravillosa poder visitar su vieja Universidad de nuevo. La Universidad ha sido declarada Patrimonio de la Humanidad por su precioso diseño. Tiene espacios y jardines únicos, los edificios fueron hechos con perspectiva creativa. Luego de saludar y preguntar por sus padres y hermanos, Jeremy comenzó a presentar sus puntos de vista.

En cuanto a la política y a la sociedad, preguntaba Jeremy, ¿Por qué un mal régimen, como el de La Pequeña Venecia, sigue en el poder y la gente no reclama con mayor contundencia? El socialismo no es un régimen que promueva el bienestar, más bien promueve la miseria; este año el país ocupa el último lugar en el índice de miseria, basado en crecimiento e inflación. No es verdad que el socialismo sea para el bienestar de los pobres, más bien es para mejorar a una minoría en el poder. Lo único que buscan es ser importantes y seguir en el poder;

algunos ministros también quieren robarse una plata y volverse ricos, contrastando con el enfoque social que ellos representan.

"La sociedad es como un organismo complejo, siempre hay dificultades, ninguna estrategia política es capaz de resolver los problemas de los seres humanos" comenzó Nuyma, convencida de lo que decía.

"Pero tu afirmación refleja una connotación negativa, como de que no hay solución." Dijo Jeremy un poco preocupado.

"Yo aún tengo esperanzas, pero la pobreza está allí y seguirá por largo tiempo" dijo Nuyma con tristeza, demostrando que estaba al tanto de tantas penurias.

Jeremy presentó algunas de sus ideas sobre la sociedad y explicó que los regímenes socialistas ortodoxos no son una alternativa en el mundo moderno. Estar a cargo de todas las Instituciones como propone el socialismo, con regulaciones, reacciones negativas y control ineficiente tiene muchas implicaciones. Además, el régimen ha demostrado que controlando todo ha sido contraproducente.

Socialismo es una bella palabra, pero los beneficios sociales no están entre sus objetivos; le hacen creer a la gente que ayudan a los que tienen menos, a esos que sufren, pero en realidad esconden injusticia. Obliga a todos a pasar por un mismo aro que no ha demostrado posibilidades de éxito.

El dinero estará siempre presente en la sociedad, es inevitable. Por lo tanto, no importa el sistema político, el dinero permite simplificar el intercambio de servicios. No importa cual actividad se quiera realizar, el dinero permite adquirir los equipos, los suministros y contratar los empleados necesarios para la ejecución. El problema de los socialistas es que creen que las actividades productivas no requieren de dinero, que la gente trabaja voluntariamente sin recibir un ingreso para alimentarse y pagar sus deudas.

"Jeremy, creo que mucha gente ha estudiado la factibilidad del socialismo, pero el problema está en la interpretación de ese conocimiento. Los gobiernos comienzan implantando estrategias sin comprender realmente lo que hacen ni lo que implican las medidas; la gente es la que paga por esa falta de conocimientos." Dijo Nuyma defendiendo aún un mal enfoque.

"Según eso el socialismo no debería ser una alternativa pues depende del gobierno, no posee criterios sólidos." Jeremy recuerda los planes gubernamentales que se repiten una y otra vez sin mejorar al país. Un ejemplo es el sistema de control de cambio de la moneda, ya ha habido mas de veinte sistemas y no resuelven nada.

Otros puntos de vista negativos sobre el socialismo, continuó Jeremy, son que promueve la aplanadora para todos al mismo nivel de bajos ingresos, independientemente del esfuerzo, contribución y méritos. El socialismo cree en una igualdad burda, todos merecen lo mismo independientemente de lo que contribuyan; los méritos no son parte de la ecuación. En socialismo, los conceptos de colectividad y solidaridad están mal utilizados y las nociones de individualidad y libertad no están en su vocabulario. Además, el socialismo es autoritario, el estado obliga a hacer lo que dicta el politburó.

"La evolución del socialismo se mueve hacia la libertad de los empresarios, observa lo que sucede en China, donde la economía funciona bajo una estrategia capitalista" dijo Nuyma luciendo defensiva al socialismo.

"Pero en China la gente no vive muy bien que digamos. Según tus comentarios, todo es un experimento, puede triunfar o fracasar" dijo Jeremy.

"Si los gobiernos no saben lo que hacen, imagínate lo que sucede en la mente de la gente con tanta improvisación. Se llenarán los Manicomios con ciudadanos perturbados por la mala situación." Dijo Nuyma preocupada por tanta gente deprimida y sufriendo ansiedad en La Pequeña Venecia.

Según Jeremy, a veces, la falta de conocimiento sobre socialismo no es culpa de la gente, están muy ocupados sobreviviendo, o haciendo otras cosas no relacionadas con la política. La mayor parte de las veces, es culpa de las circunstancias, el contexto, o el gobierno. Los políticos 'vivos' se aprovechan de esta forma de ignorancia pasiva, trabajando solo los concursos de popularidad para atraer votos.

Nuyma dijo, "Esto es relativo, la gente debe ser autónoma, por lo tanto deben tomar decisiones. No es una buena idea culpar ciegamente a los políticos, la gente también es responsable de los desastres en el país."

"Ya sabes que la mayor parte de la gente no quiere preocuparse de la política, quieren una vida fácil y que todo funcione bien alrededor de ellos," dijo Jeremy, que sabe que la gente es muy cómoda.

Contrastando socialismo con capitalismo, dijo Jeremy, este último es presentado por sus detractores como el infierno donde el egoísmo reina, donde todo depende de los intereses económicos, donde no existe solidaridad, donde los ricos disfrutan viendo morir a los pobres. El capitalismo, con todos sus defectos, sigue siendo el mejor sistema de intercambios económicos. De todas formas, vale la pena aclarar que el capitalismo esta motorizado por le dinero, si lo tienes puedes emprender muchos negocios productivos y gozar de poder económico y político. Por supuesto que no es justo ser importante y poderoso por tener dinero; muchos no tienen cultura pero tienen dinero y se aprovechan de los demás. El capitalismo es también autoritario, usted contrata gente para que hagan lo que usted ordena hacer, usted se siente poderoso sin consideración por los demás. Pero no olvidemos que los socialistas manipulan a los empleados públicos amenazando con pérdida de empleos si no participan en los actos para defender a sus gobiernos. Usualmente, los filósofos son pobres y tienen menor margen de maniobra para lograr objetivos en la sociedad, pero son mas neutrales y no castigan a nadie.

"El problema del capitalismo es que no ha resuelto los problemas de la sociedad. Por lo cual, la gente cree que puede haber otra alternativa disponible y la quieren probar." Dijo Nuyma sugiriendo que es mejor probar algo nuevo que conservar lo que tienes.

No es buena idea usar prueba y error dijo Jeremy. Cambiar para empeorar no es buena solución. No es por casualidad que el capitalismo sigue funcionando en la mayoría de los países, mientras que el socialismo no tiene ejemplos en el mundo moderno; todos los ejemplos de socialismo implican dictadura. Una posible explicación del éxito del capitalismo: es una forma de realizar transacciones económicas que le permite a la gente vivir, producir y obtener beneficios siguiendo las reglas de la sociedad y tomando en consideración esfuerzos y méritos; la ociosidad se penaliza con pobreza en el sistema capitalista.

Ella está un poco fanatizada con el socialismo y expresó con tristeza, "Es una lástima que el socialismo no ha producido una sociedad exitosa y pujante. Por eso es que el capitalismo se mantiene poderoso bajo las circunstancias actuales."

Por otro lado, expresó Jeremy, el capitalismo debe ser productivo para ser útil, generando trabajo y promoviendo prosperidad para toda la población. Obtener puros beneficios financieros solo permite incrementar el capital y la prosperidad de los poderosos.

"De la misma manera en que tú eres un fanático en contra del socialismo, hay gente fanática a favor del socialismo," continuó Nuyma. Ella no entendía que Jeremy no era realmente un fanático, el es como un científico tratando de demostrar objetivamente las desventajas del socialismo.

"Esto me recuerda una lectura que hice hace un par de años, donde afirmaban que la gente nace naturalmente liberal o conservador. Por lo tanto, habrán muchos a favor del socialismo así como también muchos otros a favor del capitalismo." Dijo Jeremy.

Jeremy no estaba de acuerdo con esa visión de nacer socialista. El pensaba que los socialistas son muy superficiales y no comprenden la necesidad de hacer esfuerzos individuales. Ellos parecen una sociedad matriarcal, muy proteccionista hacia los demás. Yo prefiero la autonomía de criterio y de esfuerzo.

De pronto se sintió un silencio en el ambiente, Jeremy miraba a Nuyma, y ella lo miraba también. Una alternativa sería cambiar un poco el tema. Jeremy sugirió la posibilidad de hablar de alternativas al socialismo.

La Socialdemocracia, continuó Nuyma, es una alternativa al Marxismo revolucionario u ortodoxo. Busca cambiar la desigualdad y la pobreza a través de servicios públicos tales como el cuidado de los ancianos, guarderías, educación, salud y compensaciones a los trabajadores.

Jeremy discrepando dijo, "No tengo ninguna duda de que la mayor parte de las políticas de la Socialdemocracia son saludables. Sin embargo, sigo estando en desacuerdo con el objetivo final de crear una sociedad socialista; los seres humanos no merecen un castigo como ese. Creo fuertemente en el individuo, todos estos movimientos socialistas tienden a aplastar la libertad."

Nuyma le dijo, "Es un tópico complicado, espero que los estudiantes universitarios se interesen y comiencen a proponer trabajos de investigación en esas contradicciones del socialismo. Los derechos que nos da la justicia no deben estar sujetos a compromisos políticos o a posibles beneficios sociales calculados para balancear la desigualdad. La verdad y la justicia no deben comprometerse a intereses políticos o sociales."

Jeremy nunca fue socialista ni comunista, hay ejemplos de países que siguieron esa ruta equivocada y el tenía sus dudas de los beneficios que podían aportar. El estudió un poco las características del socialismo y el comunismo pero no gastó mucho tiempo en eso cuando era joven, estuvo ocupado con sus estudios y su trabajo. Hoy en día, siendo ya maduro, puede darse el lujo de revisar libros sobre política y establecer las debilidades del socialismo.

Es posible plantearse un ejemplo muy simplificado de inversión en un negocio por 100 millones de pesos en varios años, sin tomar en cuenta muchos factores, tales como la inflación, los impuestos, la depreciación, o el pago de intereses. Digamos que el negocio produce ganancias de 30%, unos 30 millones de pesos por año. Se requiere contratar diez trabajadores que ganarán alrededor de un millón de pesos por año, por diez trabajadores serían 10 millones en salarios por año. Un solo capitalista que invierta los 100 millones, ganará lo suficiente, digamos 10 millones por año para vivir confortablemente, posiblemente ahorrar, y recuperar su inversión en unos diez años, 10 millones por año. Recordemos que si la actividad fracasa, el capitalista pierde su dinero, por eso le pondrá empeño y evitará pérdidas.

Ahora digamos que un grupo socialista de 10 personas se unen para el mismo negocio que produce 30%, cada uno tendría que invertir 10 millones para reunir los 100 millones. Todos sabemos que los trabajadores no tienen capital, ¿de dónde sacan el dinero? Digamos que el gobierno socialista les presta el dinero sin intereses, tendrán que pagarle al gobierno por supuesto. Si cada socialista recibe dos millones por año en salarios, el doble que en el caso del capitalista, para un total de veinte millones por año, podrían pagar la deuda también en diez años, pagando diez millones por año. Este esquema socialista luce muy atractivo, los trabajadores ganarían el doble de lo que les paga un capitalista. ¿Por qué esto no ocurre en la realidad? Primero, los gobiernos no tienen fondos suficientes para ofrecer a los ciudadanos. El presupuesto nacional del país es de 8 billones de pesos para 2017; un 8 seguido de 12 ceros. Permitiría fundar 80 mil negocios similares para 800 mil personas solamente; el país tiene alrededor de 35 millones de habitantes. Pero así, el gobierno no podría invertir en nada más; por lo cual es difícil que dedique todo el presupuesto a los trabajadores. Segundo, la fundación de actividades requiere de creatividad y conocimiento, por lo tanto, fundar 80 mil nuevas actividades es prácticamente imposible; los trabajadores no se caracterizan por inventar nuevas actividades productivas. Además, recordemos que si la actividad fracasa, el gobierno pierde el dinero, y lo perdemos todos los ciudadanos pues nos pertenece a todos.

Con este ejemplo simplificado, se demuestra que no hay manera de que los gobiernos financien a los socios socialista para generar actividades productivas que mejoren la vida de las personas. Los capitalistas suelen ser mas creativos a la hora de fundar nuevas actividades productivas. Por lo tanto, se requiere el ahorro de los individuos durante años, que se arriesguen a invertir en negocios que permitan vivir bien y tener capacidad de prosperar. Un capitalista cuida su empresa mientras que un socialista no se preocupa del bien común.

Nuyma no es aficionada a las cuentas de la economía, pero comprendió que sin capital no puede iniciarse ninguna actividad en capitalismo ni en socialismo. Los gobiernos tampoco son tan ricos como para promocionar negocios para todos; el conocimiento y la creatividad no se generan, normalmente, en la clase trabajadora, se necesitan mentes pensantes. La iniciativa privada es siempre importante y debe permitirse, no hay que sofocar a los empresarios y debe darse más libertad para poder inventar. Además, los capitalistas arriesgan su dinero en esas actividades; el gobierno puede dedicarse a obras sociales y comunitarias.

Por qué sigue en el poder un gobierno socialista, a pesar de que la mayoría del país está rechazando la situación. Esa es la preocupación de Jeremy. El régimen ha cerrado todas las posibilidades de cambio y no cumplen con la Constitución. Usan el sistema judicial para frenar toda tentativa racional salvadora de la sociedad. El gobierno tiene una popularidad mínima y debería entregar el poder, lo ha hecho extremadamente mal. Según las últimas encuestas, el gobierno tiene menos de un 20% de apoyo. Jeremy no se lo cree, debe ser mucho menos que eso, aunque lo digan las compañías que hacen los sondeos de opinión.

"El gobierno de La Pequeña Venecia es uno de los peores de nuestra historia, pero te recuerdo que la situación empeoró dramáticamente en los últimos tres años. Posiblemente debido a la desintegración de los precios petroleros. Cuando el líder de la revolución estaba, la situación no era tan mala." Dijo Nuyma en un tono comprensivo.

Sin demostrar su enfado, Jeremy replicó, "No creo que haya sido porque el líder estaba en el poder, fue más bien porque tenía mucho dinero para hacer lo que quería."

Ella estuvo de acuerdo, "Claro que tienes razón, pero anda a decirle eso a la gente, no te van a creer. Ellos piensan que el líder era muy inteligente y capaz de resolver todos los problemas. Y todos sabemos que no era verdad, todo era un mito."

Fue mala suerte estar tan cerca del nuevo régimen socialista que gobierna a La Pequeña Venecia. Jeremy recuerda al líder de la revolución cuando comenzaba su mandato y tenía mucha aprobación popular. Lo veía por la TV durante sus 'Aló Presidente' casi todos los fines de semana. Después de haberlo visto por tres semanas dijo, "¿Cómo es posible que la gente apoye a este señor? Es evidente que no tiene nada en la bola (analogía con el béisbol), además, viniendo de la carrera militar indica la poca visión que tiene de los problemas sociales. Su mayor responsabilidad había sido encargarse de la cafetería de la escuela militar." Por qué habrán elegido a este señor, alguien que no está calificado para administrar al país. Usualmente la gente elige a alguien con mayores calificaciones que ellos mismos. Parece que mucha gente lo vio como alguien que se parecía a ellos, que era como ellos, que venía de la clase pobre y todos esos criterios torcidos. Jeremy conoce muchas Instituciones alrededor del mundo y sabe que hay gente brillante y gente mediocre también. Sin embargo, sabe que los militares no persiguen la excelencia, ellos buscan más bien la lealtad y la obediencia.

"Yo creo que en La Pequeña Venecia, la idiosincrasia de la gente es la que hace la diferencia. Si la gente fuera distinta, nunca hubieran elegido a un incapaz." Dijo Nuyma inesperadamente.

Platón ya opinaba hace miles de años que los militares y los empresarios no están calificados para gobernar un país, decía Jeremy, ellos no están preparados para esa labor. Todo esto le recordó el caso de "El Rubio' que aspira a la presidencia del Gigante del Norte, otro incapaz que tiene delirios de grandeza. Jeremy pensaba, ¿Por qué irán a votar por un tipo que no está preparado para administrar el país y tiene tantos defectos? Espero que 'La Dama' sea la presidenta en lugar de él.

Nuyma pensaba distinto, "Tú ves, El Rubio podría ser el nuevo presidente del Gigante del Norte, independientemente de lo que digas. Siempre hay gente con la mente turulata."

El hablar de El Rubio le trajo a Jeremy viejas memorias, cuando era joven y creía en la Revolución de la Isla. Unos años antes de casarse, tenía un póster del Dictador de la Isla en su habitación, alguien se lo había regalado, y su mamá le dijo, "Escucha, ese tipo ha matado a miles de disidentes del régimen, el tipo es un criminal, ¿Cómo tienes ese póster en tu cuarto?" Jeremy no movió el póster en las siguientes semanas, pero desapareció después, lo quitó, sin tomar en cuenta si creía o no en la Revolución de la Isla.

El mundo tiene un problema serio, la gente prefiere charlatanes en lugar de filósofos. Los charlatanes son inmaduros y superficiales, hablan y hablan, y toman las malas decisiones sistemáticamente. 'El Rubio' en el Gigante del Norte, 'El Barbudo' en la Isla, y 'el líder de la revolución' en La Pequeña Venecia, eran todos unos mentirosos y charlatanes. ¿Por qué la gente es tan ciega? Sería aceptable simpatizar por un corto tiempo al comienzo, pero luego de unos meses o un máximo de un año, la gente debe reaccionar y dejar de apoyar a esos charlatanes.

Una sociedad no debería ser estructurada con principios socialistas, decía Jeremy, éstos son antidemocráticos, perjudican a los individuos alejándose de su comportamiento natural, no permiten libertad de acción o de expresión. Las limitaciones impuestas a la libertad producen fracasos en la sociedad, colocar una camisa de fuerza al individuo restringe demasiado la productividad de la sociedad. Los regímenes socialistas someten a los individuos a través del sistema judicial y eliminan la posibilidad de innovación.

Recordando su época infantil, Nuyma dijo, "Es lo mismo que los padres que castigan físicamente a sus hijos. Mucha gente no está de acuerdo con el maltrato, pero aún hay casos de padres que usan esos enfoques detestables. El ser humano nace libre, debe mantener su autonomía sin la presión de la sociedad"

Podría decirse que en la vida, pensaba Jeremy, el enfoque capitalista es superior, pero aún hay gente que piensa en fantasías y siguen en busca de utopías. No es casual que el sistema capitalista haya estado presente por tantos años, tiene que haber una razón natural.

"Sin embargo, sabemos que el sistema capitalista no ha sido capaz de demostrar un dominio absoluto de la sociedad, proporcionando crecimiento continuado; el capitalismo debe mejorar sus debilidades para poder seguir vigente." Reiteró Nuyma sintiéndose poderosa.

"Pero la solución tampoco es reemplazar ciegamente el capitalismo por el socialismo."

Nuyma respondió, "En la vida, todos los gobiernos deben tener más o menos el mismo objetivo: ayudar a la población. Independientemente del enfoque socialista o capitalista, el objetivo principal es mejorar la vida y hacer prosperar a todos."

Ya sabemos que hay diferencias de enfoque entre el socialismo y el capitalismo, dijo Jeremy. Pero el Socialismo Absurdo en La Pequeña Venecia es el peor ejemplo de un régimen socialista, un país productor de petróleo que ahora produce hambre por las calles. La gente busca comida dentro de la basura de manera continua; antes se veía recoger latas pero ahora es hambre.

Steve Jobs

Steve Jobs fue un hombre creativo e inteligente, tenía una motivación especial que produjo cambios en nuestra vida cotidiana, el mundo necesita hombres como él. Steve Jobs ha sido criticado por poseer una personalidad dominante, pero no es al hombre al que hay que criticar, son las ideas, los resultados, y su contribución los que cuentan. Los hombres y las mujeres están llenos de defectos, pero la fortaleza y perseverancia de sus actos, acompañados de resultados excelentes, hacen la diferencia. Steve Jobs definió sus ideas para obtener proyectos tecnológicos exitosos, tomando en consideración todos los aspectos alrededor de un proyecto, produciendo una contribución al mejoramiento de las actividades humanas.

Jeremy se acordó del video que presenta a Steve Jobs, la mente maestra detrás de la compañía Apple Computers. Steve presenta su visión de lo que es un producto exitoso: el contenido del producto debe ser la fuerza directiva detrás de cualquier desarrollo tecnológico. Si armas el mejor equipo de profesionales y les das apoyo es posible desarrollar el mejor producto. Cuando los objetivos que se plantean son diferentes a los del producto, éste abandona los objetivos y la calidad es deficiente. Si solo queremos beneficios económicos o damos prioridad al mercado, el producto sucumbe y su utilidad se afecta.

El mundo necesita innovación para ser capaz de eliminar el hambre y promover la prosperidad; no es precisamente el socialismo el que va a mejorar los procesos de producción, es la libre empresa la que en definitiva colaborará con la raza humana. El socialismo es como vivir durante las épocas oscuras de la humanidad, entre el siglo quinto hasta el primer milenio, quinientos años de retraso para la humanidad. La innovación es solo posible bajo un 'capitalismo productivo.' El objetivo es implantar regulaciones al capitalismo y crear un mundo mejor.

El socialismo, según Jeremy, es un enfoque absolutamente fracasado, no promueve la innovación y no aprecia el esfuerzo que se requiere para construir nuevos inventos. Marx escribió su libro colocando a los trabajadores como los principales generadores de bienes, pero se olvidó de la importancia de los bienes mismos. Jeremy ha conocido muchos socialistas que creen que las cosas son gratis, que el esfuerzo de alguien no necesita ser retribuido. Por ejemplo, los gobiernos socialistas no quieren contratar programadores de computadoras pues piensan que el software debe ser gratuito, ellos dicen, porque pagar por el desarrollo de un sistema o aplicación informática, ¡Ya esta hecho, por qué pagar por el!.

Al final de la conversación, Jeremy le preguntó a Nuyma algo privado, "¿Te casaste alguna vez?"

"Sabes que al final no me casé, estaba enamorada de tí y no te interesaste en mí, ¿qué podía hacer?"

"Cuanto lo siento Nuyma, pero mi vida sentimental me hace actuar de esa manera, no estaba enamorado de ti, tú eras como parte de mi familia. El amor existe o no, no se puede o no se debe simular"

Nuyma miró a Jeremy con afecto y reconoció que la vida no es tan fácil como en un cuento de hadas.

Reflexionando sobre la conversación con Nuyma, la política es necesaria en una sociedad, sin embargo, los malos políticos están haciendo mucho daño. La estrategia política tiene un impacto en nuestro bienestar, no dejemos a la mediocridad tomar el poder. El capitalismo no es el mejor sistema económico pero es superior al socialismo con su ignorante paradigma sobre la colectividad.

Capítulo 8: Abogado del Diablo

Cuando Jeremy está en Pueblo Playero, suele contactar a su amigo Gabriel, que vive a una media hora de allí. Tiene una pequeña finca cerca de un pueblo similar en tamaño a Pueblo Playero. Ha venido trabajando en la finca por unos diez años, desde que se comenzó a retirar. Jeremy conoce a Gabriel desde la Universidad, estudiaron la misma carrera de ingeniería. Esa época universitaria es una de las mejores de la vida, aunque uno no se da cuenta mientras está allí. El estrés de mantenerse aprendiendo el material hace que vivas solo el día tras día. Preocupándose de las expectativas de trabajo futuras hace que el tiempo pase relativamente rápido. La universidad es como un trabajo donde debes responder rápidamente.

En aquella época recuerda haber ido de paseo en un viejo carro con algunos amigos a las playas del lado este, y debido a que no iba muy rápido, uno de los amigos dijo: "Es la primera vez en mi vida que tengo la oportunidad de disfrutar esta bella costa, olas golpeando rocas gigantes que flotan en el mar y la mezcla de bellos colores azules y verdes." En esa época, siempre había suficiente tiempo, principalmente durante las vacaciones y los días feriados, pero a veces teníamos que estar sin dormir para ponernos al día con las responsabilidades universitarias.

Durante un examen de física con una situación hipotética de un pájaro dentro de una jaula de cristal herméticamente cerrada y al vacío, Jeremy se dio cuenta de quién era Gabriel. La jaula estaba montada encima de una balanza para medir el peso. La pregunta era, ¿Cómo cambiará la medida de peso en la balanza cuando el pájaro vuela? La mayoría de los estudiantes dijeron que el peso se reducía cuando el pájaro volaba, otros dijeron que el pájaro no podía volar pues no había aire, otros que el peso en la balanza no cambiaba pues al volar el pájaro producía la misma fuerza descendente con las alas. La respuesta de Gabriel fue que el pájaro estaba muerto, pues no había aire, y no podía volar, por lo tanto el peso de la balanza no cambiaba. El profesor comentó su respuesta y le dio toda la nota. Jeremy quedó impresionado por la respuesta que demostraba profundidad de análisis, ningún otro estudiante dio esa respuesta.

Jeremy pensaba en lo desagradable que era terminar una relación con amigos y familiares. Por qué en más de una ocasión, cuando alguien mencionaba la posibilidad de romper una relación, realmente sucedía. Para Jeremy, las relaciones personales, sean estas entre amigos, familiares, compañeros de trabajo u otros ciudadanos cercanos, involucran distintos valores, por ejemplo, responsabilidad, solidaridad y lealtad. Cada relación tiene sus grados de valor, el grado de responsabilidad con la familia es mayor que con una amistad. La solidaridad puede cambiar con el tiempo, favoreciendo a unos y penalizando a otros. La lealtad puede expresarse en ciertas relaciones y olvidarse por completo en otras.

El ser humano es débil, unos fallan en aspectos de responsabilidad, otros en solidaridad y otros también en lealtad. Las debilidades humanas hacen que tengamos tantas dificultades, unos faltan el respeto, unos son antipáticos, unos necesitan compañía, unos no aman a nadie, unos se creen sabios, unos se venden por dinero, unos no soportan que los deje su amante, y así sucesivamente. Con tantos defectos, es imposible que una sociedad avance y progrese.

La amistad puede pensarse como observación de bellas mariposas. Vuelan cerca mostrando sus bellos colores, se detienen en una rama y corremos a observarlas. Disfrutas de esa compañía, puedes gastar un rato ensimismado definiendo la estructura de colores; puedes inclusive capturarlas y guardarlas para siempre. Cada vez que vuelves a verlas disfrutas de su compañía, el tiempo se pasa volando, las amistades son agradables, las mariposas también. Cada cierto tiempo deseas verlas de nuevo para gozar de esa placentera visión o compañía.

Como cualquier tipo de relación personal, las amistades requieren cuidado, evitando situaciones conflictivas; a veces el exceso de confianza puede producir falta de respeto hacia los demás. Sin embargo, romper con una amistad, si está justificado, no duele tanto, no importa gran cosa, a veces se le abandona de golpe, a pesar de lo que disfrutaba compartiendo; una vez la separación se presenta, no se añora la amistad, eventualmente la olvidas y tratas de hacer nuevos amigos.

En relación a la amistad, Jeremy tiene su punto de vista particular. Siempre ha pensado que las amistades son para disfrutar de la vida y no para beneficiarse de ellas. Recuerda muchas veces haber tenido dificultades económicas y nunca le pidió a sus amigos prestado o solicitó sus servicios. Hace años tenía que hacerle unas mejoras a su apartamento y necesitaba unos 3 o 4 millones de viejos pesos, y su sueldo mensual era de unos 2 millones de viejos pesos. Jeremy tenía un amigo cercano que ganaba unos 7 u 8 millones de viejos pesos al mes, podría quizás ayudar con unos 2 millones, pero nunca osó pedirle el dinero. Jeremy prefirió mantener la amistad intacta, no mezclando lo afectivo con las finanzas.

Pensaba que la amistad es más bien un sentimiento afectivo, y no un intercambio de favores económicos o de servicios.

Las relaciones familiares del otro lado, son diferentes, pero son tan buenas o mejores que la observación de mariposas. Sin embargo, hay una complicación, puede haber una metamorfosis en el camino. Con el tiempo, los miembros de la familia pueden transformarse y convertirse en avispas. El rompimiento con la familia es mucho más duro que con una amistad. Usted quiere ser cuidadoso, pero puede tener mala suerte, los eventos se precipitan inesperadamente, no hay control del comportamiento de los individuos. El rompimiento con familiares significa una picada con veneno, y duele, por supuesto. Es posible recuperarse de la picada, pero puede haber riesgos adicionales, una reacción alérgica puede tener efectos a largo plazo. Las heridas familiares no se curan fácilmente, a veces no se curan jamás. Una ventaja es que la metamorfosis puede revertirse, y las avispas se convierten en mariposas nuevamente, heridas, aporreadas, y envejecidas, pero mariposas al fin, para ser disfrutadas.

Las relaciones familiares son principalmente de naturaleza afectiva. Sin embargo, existen consideraciones de responsabilidad y solidaridad que deben ser discutidas. La familia nuclear, compuesta por padres e hijos requiere de fuertes lazos de responsabilidad. Los padres deben cumplir con las necesidades de sus hijos hasta que llegan a ser adultos. Es importante entender que los seres humanos nacieron para ser autónomos, una vez que eres adulto debes ser capaz de proveer tus necesidades.

Se requiere también de la solidaridad durante los años iniciales. Una vez que los niños crecen, los casos de responsabilidad y solidaridad tienden a mitigarse, pero suelen estar disponibles por necesidad. Después del paso de los años, la solidaridad puede aplicarse en ambos sentidos: incluyendo los hijos y las hijas hacia los padres. Otros miembros de la familia extendida, tal como los tíos y abuelos pueden ofrecer solidaridad hacia sus sobrinos y nietos, pero no hasta el punto de asumir responsabilidades que le pertenecen a los padres.

Hay otro tipo de relaciones entre personas que no puede catalogarse como amistad, pero que luce superficialmente como si lo fuera. Se le puede llamar 'conocidos por interés,' lucen como una amistad pero están motivados por favores, servicios, e intereses económicos. Este tipo de relación promueve la simpatía y la solidaridad con el único objetivo de obtener un favor similar en el futuro. Alguien le da un aventón a un vecino y espera que en un futuro le den uno a él. Una madre le pide un favor a una vecina para que le cuide los niños y está lista a ofrecer un servicio equivalente en el futuro.

Debemos entender que hay una infinidad de niveles en el grado de aprecio de las amistades, las relaciones familiares, los conocidos y desconocidos. Pudiese afirmarse que el afecto es mayor con la familia, seguido por las amistades y en menor grado con los conocidos y desconocidos. Esos niveles de afecto tienen toda la variedad que suministra la lógica difusa, un enfoque matemático en que los resultados no son binarios o precisos, y que permite mucha variedad. En esas relaciones afectivas, la solidaridad es la ganadora, la gente suele usar solidaridad la mayor parte del tiempo, mientras que la responsabilidad se aplica solo en el caso de padres a hijos, mientras éstos no son adultos. A la gente no le gusta la responsabilidad, así que aliviemos su existencia.

Jeremy se acordó de Renphys, un amigo de sus padres. Renphys le dijo una vez, "La última cosa que desearía es perder tu amistad debido a nuestras diferencias políticas en relación a La Pequeña Venecia. Yo tuve una discusión parecida con un amigo que vivía en Argelia hace muchos años. Diferimos en cuanto a la liberación del país y nuestra amistad colapsó."

Renphys y Jeremy diferían en sus opiniones sobre el nuevo gobierno pseudo-socialista elegido en La Pequeña Venecia. Renphys defendía el régimen y Jeremy trataba de convencerlo de que era un régimen militarista, con tendencias pseudosocialistas, que no iba a mejorar las condiciones de vida del pueblo. Jeremy no estaba de acuerdo en absoluto con un militar ganando las elecciones para imponer una sociedad pseudosocialista con apoyo militar. Renphys creía que el socialismo era una buena alternativa y confrontó a Jeremy en cada afirmación. El problema era que Renphys hablaba como un Marxista que considera inevitable la llegada del socialismo y del comunismo sin dar argumentos a favor o en contra. Jeremy no podía soportar gente que favoreciese un régimen militarista socialista sin argumentos. El toque final ocurrió cuando Jeremy dijo, "Arriba España!" durante un Mundial de Fútbol y Renphys le dijo que ese era el eslogan del gran dictador español; Jeremy odiaba al dictador, fue un insulto para él. La amistad con Renphys llegó al final luego de unas pocas semanas, Jeremy no le envió más correos electrónicos.

El rompimiento con Renphys no es el único que recuerda, ha habido otros amigos y familiares envueltos en disputas similares. El problema usualmente comienza cuando alguien dice, "No estoy interesado en tener problemas contigo, tengo suficientes problemas en mi vida como para querer romper contigo." Cuando Jeremy oye esas palabras, entiende que algo anda mal y que el próximo paso es la separación. Separarse de amigos no ha tenido mayor impacto en su vida, pero separación de su familia tiene consecuencias más severas. Jeremy es relativamente fuerte sentimentalmente, pero ha sufrido como cualquier ser humano en esas pocas ocasiones. El proceso de sanación lo ha hecho más fuerte.

    Gabriel y Jeremy se han mantenido más o menos en contacto durante años. Sin embargo, cuando iniciaron sus propias familias, perdieron contacto. Solo después de unos 10 o 15 años más tarde comenzaron a reunirse de nuevo, aunque no a nivel familiar. Jeremy recuerda cuando contactó a Gabriel para un trabajo de profesor al nivel de un colegio universitario, aplicó para el cargo y se lo dieron. Durante una conversación, Gabriel le mencionó tener problemas de divorcio, pero Jeremy no trató de obtener detalles. Jeremy sabe lo difícil que es estar casado; el divorcio no es una enfermedad rara. En su última visita, Gabriel le mostró todo lo que ha hecho; básicamente sembrando y cuidando árboles, tal como aguacates, cocoteros, plátanos, cacao y últimamente árboles llamados Neem. Tuvo ganado por un tiempo pero abandonó por razones sanitarias.

    Gabriel es el amigo más filósofo que ha tenido Jeremy. A veces Gabriel le ha dicho cosas como, la felicidad no existe, o el amor no existe. Jeremy que ha leído sobre todos esos temas y tiene su propia opinión, le contesta a veces en tono de broma. Una vez le dijo que había una canción 'No Existe el Amor' de Adriano Celentano, que la oyera a ver si seguía pensando lo mismo o cambiaba de opinión. Sobre la felicidad, le recomendaba ver los videos de Daniel Gilbert sobre el tema: Amor, Música, Ejercicio y Conversación. Cuando a la gente le salen las cosas bien se siente feliz, en caso contrario comienzan a decir que la felicidad no existe.

    Hoy Jeremy le pidió a Gabriel que viniera a Pueblo Playero usando el transporte público pues no tiene auto. Cuando llegó cerca del mediodía, fueron caminando a uno de los restaurantes cerca del balneario playero. Ya que la conversación más común en el país es la situación económica y política, Jeremy comenzó diciendo que un gobierno socialista no es viable, que ha estado leyendo libros y artículos en Internet y los argumentos son convincentes, el socialismo no tiene futuro. Además, con el pasar de los años, Jeremy se ha vuelto en contra del socialismo y del comunismo, no representan una solución para la sociedad. Gabriel es el abogado del diablo, inclusive si no está de acuerdo con algo, busca argumentos a favor; es su manera de abordar las conversaciones.

Gabriel decía que el socialismo ha sido definido como una estrategia en la que todas las cosas que necesitamos para sobrevivir, trabajar y controlar nuestras vidas es la propiedad colectiva de El Pueblo; incluyendo industrias, servicios y recursos naturales. Además, la organización democrática de El Pueblo dentro de esas industrias y servicios es el gobierno.

Gabriel no ha sido nunca un fanático a favor del socialismo, pero esa introducción al tema lo hizo parecer como un verdadero fanático, el actuaba de manera extrovertida usando sus dotes de abogado del diablo. "Pienso que el socialismo es la única alternativa al capitalismo, esa es la razón de su popularidad."

"Pero el socialismo, tal como lo definen, va en contra del mérito, no importa quién seas, ni qué has hecho, ni que sabes. Todos son iguales, independientemente de su ignorancia y contribución. ¿Pero por qué todos van a ser propietarios de todo? ¿Quién va a cuidar las cosas si no le pertenecen a nadie?" dijo Jeremy.

Todos sabemos, continuó Jeremy, que las dos primeras palabras que los bebés aprenden luego de nacer son mamá y mío. Mama es muy importante para el niño pues su futuro depende de su madre. Mío se aprende automáticamente, mi tetero, mi juguete, mi mamá, mi comida, y así sucesivamente. Existe un deseo instintivo de poseer algo, la gente nace con esa necesidad de posesión de afectos y cosas. Cómo me van a venir los socialistas a decir que desde ahora todo es colectivo, que no se me permite poseer algo.

Gabriel continuó su retahíla defensiva, "El socialismo trata de concienciar a la gente de las necesidades de todos, ser solidarios, evitar egoísmos, ayudar, y colaborar con los demás."

Una crítica muy fuerte al socialismo, dijo Jeremy, es su carencia de estrategia innovadora. En el socialismo, la sociedad se estanca ya que no hay mayor motivación para crear mejores productos o procesos. Una vez que se ha cumplido las necesidades de distribución de la comida para todos, la sociedad socialista no lucha para seguir progresando.

Gabriel protestó, "En capitalismo no hay motivación para colaborar con los demás, no hay sentido de solidaridad."

"Pero mira, en las sociedades capitalistas se ha demostrado que la gente puede colaborar con los demás también, sin que sea una condición de solidaridad forzada. El capitalismo considera a los individuos y a la colectividad al mismo tiempo. Permite iniciativas individuales y grupales también." Aunque Jeremy no es un defensor del capitalismo, ahora lucía como un emisario del Imperio mismo.

Como un socialista empedernido, Gabriel dijo, "Los problemas del capitalismo son muchos: dinero, ganancias, riqueza, egoísmo, y pare de contar."

"Imagínate, el presidente pide a los países petroleros fijar los precios del petróleo como una obligación para los consumidores, una consideración netamente autoritaria. Además, el egoísmo es un fenómeno natural. ¿Qué se creen los socialistas que son para cambiar la naturaleza humana?"

En capitalismo se requiere una cantidad de ganancias para investigación y desarrollo, los socialistas no reconocen esos gastos ya que no promueven la innovación, representan una mentalidad retrógrada, pensaba Jeremy.

"Pero debes reconocer que una ideología basada en colaboración y participación de la gente atrae adeptos, ¿no crees?" insistió Gabriel.

"Si, entiendo porque mucha gente se siente atraída a esas ideas, pero eso no implica que ellos estén en lo correcto. Nadie ha demostrado científicamente que la teoría del socialismo es correcta."

"Eso de malos gobiernos puede suceder bajo cualquier circunstancia, los gobiernos están formados por gente que sigue las reglas, la gente tiene defectos y las reglas pueden estar equivocadas" concluyó Gabriel.

Según Jeremy, la curiosidad y la invención requieren libertad, y el prefiere libertad antes que opresión. La libertad tiene más potencial de producir una mejor vida que las restricciones socialistas colectivas que producen miseria.

"Escucha Gabriel," siguió Jeremy, "Creo que algunos deben estar preparados para la toma de decisiones y otros para cumplir con los mandatos de éstas. Algunas decisiones requieren de conocimientos más amplios, que tomen en cuenta el contexto. No todos pueden estar involucrados en todas las decisiones, significa una pérdida de tiempo para la sociedad, no se haría nada."

Sintiéndose como pez en el agua, Jeremy continuó, "El conocimiento que imparten los socialistas es tan peligroso como una hoja de afeitar de doble filo, ellos hacen planes educativos con un determinado propósito y obtienen al final resultados opuestos. Toma el caso del envío de gente a la Isla con el propósito de que sean más socialistas, y al fin de cuentas regresan más bien equipados en contra de ese tipo de régimen."

En el último documental de Michael Moore, 'Donde es la Próxima Invasión,' dijo Gabriel, en Alemania los trabajadores tienen una gran participación al nivel del Directorio de las empresas. Esos trabajadores son elegidos desde los rangos más bajos y pueden intercambiar con los gerentes. Parece que esta experiencia de participación de los trabajadores ha tenido buenos resultados puesto que dan comentarios constructivos para la toma de decisiones.

"Pero escucha, estás hablando de Alemania que no es precisamente un país socialista" dijo Jeremy.

"Jeremy, me estas metiendo en camisas de once varas, yo estoy tratando de ser el abogado del diablo y tú no me dejas con tus comentarios convincentes."

Jeremy estuvo de acuerdo en que haya cierto grado de participación, pero los elegidos deben ser los más preparados, no cualquiera, como se acostumbra en este país socialista. Además, deben tomarse decisiones finales que a veces no satisfacen a todos, por lo tanto, se requiere negociar. La participación del trabajador es saludable, pero no olvidemos que los gerentes, ingenieros, y otras profesiones son importantes para aumentar la productividad; a veces esos profesionales pueden ser más importantes que los obreros. Jeremy presentó su punto de vista sobre el conocimiento diciendo que existe una visión clasista en los regímenes socialistas ortodoxos que es discriminatoria; el conocimiento se minimiza es esos países. Los socialistas creen que ni el conocimiento ni el trabajo son importantes, que solo cuenta la lealtad a la revolución.

"Creo que estas en lo cierto Jeremy, la debilidad de los obreros es evidente, les falta conocimiento, y los socialistas quieren forzar su importancia, olvidándose de la necesidad de educación, de favorecer los méritos y capacitar las habilidades de los trabajadores. La participación de los trabajadores es buena, pero no olvidemos los méritos de cada uno como parte de la ecuación. Solo los trabajadores más capacitados técnicamente deben formar parte de las directivas y no precisamente dirigentes políticos fanáticos de la revolución."

El trabajo siempre será vendido, continuó Jeremy, pues los trabajadores necesitan ingresos para vivir y pagar por sus gastos; deben tomarse en cuenta aquellos casos especiales de gente que no pueda trabajar. Además, los socialistas crean una división ficticia entre la gente, dos clases, aquellos que saben y los que no saben. No porque seas gerente o un ingeniero perteneces a una clase distinta, eres un trabajador también. Todas esas afirmaciones sobre el socialismo demuestran claramente que es una invención que nunca ha sido implantada; es riesgoso improvisar y molestar a las nuevas generaciones con esos regímenes socialistas que nunca han demostrado factibilidad.

Hay un video que presenta a Steve Jobs, el cerebro de Apple Computers, hablando de la importancia de involucrar las mejores personas en los desarrollos científicos, recordó Jeremy. Esto aplica también en la sociedad: incluya a los mejores en los temas importantes; los políticos solos van a destrozar la sociedad.

Gabriel replicó como un buen revolucionario, "Estas mencionando al cerebro del nuevo capitalismo, Steve Jobs, el creador de teléfonos y tabletas inteligentes, la mejor representación del capitalismo."

"Una sociedad socialista no será nunca capaz de crear nuevas tecnologías, hay muchos controles y limitaciones a la libertad. Los socialistas suelen vivir en el pasado, promoviendo viejas formas de producción que no toman en cuenta el crecimiento de la población," añadió Jeremy como buen técnico.

Gabriel concluyó en un tono más condescendiente, "Estoy de acuerdo contigo, algún grado de innovación se requiere en la sociedad. Enfoques estancados como el socialismo y el comunismo no van a beneficiar a la humanidad."

Luego de haber conversado por un par de horas, Gabriel y Jeremy también tuvieron tiempo de comer pescado, plátanos fritos y beber un par de cervezas.

"Escucha, tengo que irme, no tengo carro y es difícil viajar con el transporte público cuando se hace tarde. Tengo que ir a comprar una manguera especial en El Clarín para regar mi finca, y necesito aún más de una hora."

"Porque no te vas en moto-taxi desde la esquina, te llevarán rápido hasta la autopista, esas motos pasan con frecuencia. Yo prefiero irme a pie a la casa, aunque el sol sea tan inclemente a esta hora, y malo para la piel."

Gabriel dijo, "OK, nos vemos la próxima vez. Piensa cómo afecta la vida de la gente el uso de una estrategia capitalista o socialista. Yo seguiré pensando también en eso."

"Hasta la vista."

Reflexionando sobre la conversación con Gabriel es posible comprender porque el socialismo no es una solución. Un abogado del diablo fue incapaz de convencer sobre ese enfoque, por lo tanto, el socialismo no es viable. La colectividad no merece ser superior a la individualidad.

Capítulo 9: Marxismo en El Instituto

Jeremy ha conocido a Ursula por muchos años, ella es unos diez años mayor que él. Se conocieron pues sus padres vinieron también de España, y vivieron las mismas dificultades. Ursula estudió en la Universidad y se graduó en Economía. Hace años, cuando Jeremy visitaba las atracciones turísticas del país, lo hacía en un viejo carro que manejaba su padre. Solían hacer camping en pequeñas tiendas de campaña durante el viaje; recuerda haber acampado en la ruta andina en frente de montañas y cerca de precipicios. Recuerda claramente a Ursula que venía con ellos en algunas ocasiones. Es una mujer muy inteligente y Jeremy siempre le ha tenido gran aprecio.

Una anécdota un poco triste es que Ursula tuvo un novio cuando era joven, pero el padre no la dejó casar pues el novio era católico y quería casarse por la iglesia. El padre tenía una posición fuerte contra la iglesia y rechazó el matrimonio. Bueno, el punto es que Ursula nunca se casó y vivió sola, mejor dicho sin marido, por el resto de su vida.

Cuando Jeremy era adolescente, Ursula le regaló un libro de Sacco y Vanzetti, dos trabajadores ejecutados por luchar por sus derechos y que además tenían ideas anarquistas. Ese fue el primer caso en el mundo por injusticia cometida por motivo de lucha de los trabajadores por sus derechos. Jeremy leyó el libro hace muchos años, no se acuerda mucho del contenido, sabe que los obreros no eran culpables pero que por su afiliación a grupos libertarios fueron castigados injustamente; sería conveniente leerlo una segunda vez para recordar. Ursula era un buen caso de persona a entrevistar por sus ideas socialistas o comunistas. Jeremy decidió probar a ver cómo le iba.

Ella vive en un pequeño apartamento que compró con sus padres; está cerca del instituto donde trabaja. Ha ejercido allí toda su vida, hace investigación y da clases. Jeremy la invitó a conversar cerca de su oficina y se reunieron en una cafetería cercana. El instituto está ubicado en un viejo edificio propiedad de los Jesuitas. Ha estado alquilado por muchos años con propósitos educacionales. El edificio tiene 4 pisos bastante altos, toma un buen rato subir las escaleras, hay más de 100 escalones para llegar al último piso. Jeremy recuerda haber subido esas escaleras muchas veces cuando el ascensor estaba dañado. Al menos, era un ejercicio para mantenerse en forma.

Luego de tomar el subterráneo y ya cerca del instituto, Jeremy le envió un texto a Ursula y ella bajó de su oficina. Cuando se encontraron, Jeremy le dio un abrazo muy fuerte, habían pasado más de treinta años desde la última vez que se vieron. Jeremy sabía que el tema que quería tratar no era del todo agradable para Ursula, ella ha permanecido leal a las ideas izquierdistas toda su vida. Se sentaron en la cafetería y pidieron un café, con leche para Ursula, marrón para Jeremy. El comenzó explicando que según sus experiencias, el socialismo no era un buen régimen a imponer en los países. Quería saber en boca de Ursula cómo había evolucionado en sus ideas socialistas o comunistas.

Ella, como buena profesora, le explicó que Marx apoyaba una teoría de progreso a través del conflicto económico. Marx sostenía que la plusvalía creada por el proletariado era la única fuente de ganancias. Y esa plusvalía significaba explotación, por lo tanto conflicto inevitable entre la burguesía y el proletariado. Con el tiempo, y debido a las repetidas crisis y recesiones económicas, la clase trabajadora se daría cuenta de que el sistema solo beneficia a la minoría, por lo cual, la clase trabajadora se alzaría en una revolución contra el capitalismo. Una fase de transición, donde la mayoría proletaria gobernaría, establecería la propiedad colectiva de todas las industrias y se lograría el comunismo.

Como sabes perfectamente, dijo Jeremy, Marx escribió un libro llamado El Capital, que repite una y otra vez los mismos argumentos, es un libro que requiere mucha paciencia para poderlo asimilar. Marx identifica temas importantes y presenta una buena descripción de la problemática, pero falla en la presentación del problema en su conjunto. Su parcialidad solo con los trabajadores es casi cómica; una sociedad tiene múltiples participantes: políticos, magnates, burócratas, gerentes, trabajadores, supervisores, obreros, profesionales, aristócratas, desempleados, enfermos, y así sucesivamente. Esa parcialidad al trabajador hace que la contribución de Marx sea precaria.

Ella conoce la historia y dijo, "En aquella época, la contribución de Marx fue enorme. Yo estoy convencida de que Marx le dio profundidad a la lucha social. Tengo que reconocer que las cosas han cambiado durante los años, pero la lucha debe continuar."

Marx estaba parcializado hacia el trabajador, solo veía la explotación del capitalista, como una madre a la que le maltratan al hijo y lo defiende. Usualmente, las madres no se quejan del mal comportamiento de los hijos, los defienden aunque merezcan castigo. Marx no estaba lejos de opinar como una madre salvadora, no tomaba en cuenta si existían trabajadores flojos, improductivos, o saboteadores, los colocaba como un todo, un colectivo idealizado más. Esta imagen le recordó inmediatamente la película española Viridiana de Luis Buñuel, donde la dama quiere hacer el bien a los mendigos y se encuentra al final con una banda de granujas que hasta tratan de violarla y robarla; Marx hace lo mismo, quiere proteger a los trabajadores ciegamente sin darse cuenta que hay unos que merecen y otros no, la famosa situación de querer meter a todos dentro del mismo saco.

Jeremy había leído los primeros diez capítulos del Capital y no quedó para nada impresionado. Hay gente que aún cree que el Marxismo, pasando por el socialismo y el comunismo, es la solución. El trabajo de Marx estaba dirigido a los trabajadores, solo para obtener su respaldo, demuestra que era un buen estratega, se alió a la mayoría, los trabajadores, para hacerse famoso.

Ursula, como buena investigadora, dijo, "Hay nuevas propuestas alrededor del mundo que complementan el punto de vista de Marx, pero que no han sido bien estudiadas aún. Los Marxistas se durmieron en los laureles."

El explicaba que no es un fanático del 'capitalismo salvaje' o capitalismo ortodoxo, prefiere una sociedad productiva, basada en ganancias derivadas del trabajo, en lugar de puros beneficios financieros.

Ella sabe por experiencia lo que piensan los ricos de sus privilegios y replicó, "Escucha, dile a los capitalistas ricos que abandonen su buena vida y comiencen a trabajar duro. Su respuesta va a ser, ¡en tus sueños compadre!"

El también rechaza el Socialismo Ortodoxo o 'Socialismo Salvaje' donde la gente recibe gratuitamente dinero, subsidios, casas, materiales de construcción, equipos eléctricos, y comida, sin hacer mayor esfuerzo. La gente que apoya al partido en el poder se beneficia del tesoro financiero del gobierno, lleno de dólares petroleros.

Como mujer sensible dijo, "La idea es ayudar a los que carecen de las capacidades básicas. Pero tomando en cuenta que siempre hay muchos aprovechadores."

Jeremy está a favor del mérito, su lema es que ganas lo que necesitas según tus capacidades, esfuerzos y resultados. Nadie merece más de lo que produce con su esfuerzo, a menos que este enfermo. El piensa que Marx es admirable por su contribución, puesto que propuso una interpretación del mundo que toma en cuenta al trabajador. Sin embargo, falló en la comprensión de la naturaleza humana, no estudió qué es lo que motiva a los seres humanos.

Ella es una gran promotora de la solidaridad, ayuda directamente en los barrios, trabaja los fines de semana ayudando a los necesitados y dijo, "La mayor parte de la gente nace con las capacidades básicas como para prosperar en la vida, pero hay muchos otros que padecen grandes dificultades. Los sistema sociales están hechos para ayudar a los que sufren."

La vida no es una lucha de pobres contra ricos, dijo Jeremy, se requiere simpatía entre las personas. La naturaleza humana requiere ganarse su puesto en la vida con esfuerzo y méritos, no por unos derechos inventados. Un gobierno de hombres y mujeres con mérito y honorables es preferible a un gobierno basado en concursos de popularidad. Cada hombre y mujer debe ser seleccionado según sus habilidades, no por la fuerza o por elecciones amañadas.

Ursula reconoció la veracidad de los argumentos y coincidió, "Todo sistema social debe estar basado en los méritos, es una capacidad innata de la raza humana. La gente reacciona en contra de los que no contribuyen."

Nadie es capaz de leer El Capital de Marx, pero Jeremy sugirió lo siguiente, "Si hay algo errado con el socialismo, está señalado en su libro."

Ella explicó, "Marx fue una clase de héroe en su época y mucha gente siguió su visión. La palabra Marxismo tiene una connotación popular que la gente disfruta. Sin embargo, el libro no es sobre socialismo, es contra el capitalismo."

Marx le dio una contribución a la clase obrera, al sugerir que el valor de los productos proviene del trabajo. Esta fue una contribución importante, pero después de 1848, ha habido muchos cambios en la sociedad, por ejemplo: Agrícolas, Industriales, Tecnológicos y Comunicacionales.

Ella cree en el progreso y comprende las contribuciones habidas, y finalmente dijo, "Claro que sí, la sociedad necesita nuevos enfoques, para explicar cómo debe funcionar una sociedad en el mundo moderno. Esperemos que nuestra sociedad no retroceda 200 años tal como proponen algunas religiones."

El trabajo necesita diferentes niveles de conocimiento, dijo Jeremy, y Marx no aclaró este punto en aquella época, el estaba obsesionado con los trabajadores. Marx propuso la diferencia entre el valor de uso y el valor de intercambio, pero solo en términos del trabajo realizado, no identificó bien el contexto donde se producían los productos: el mercado está siempre presente, si la gente no compra, el producto no vale nada.

Usando sus habilidades como buena investigadora, ella dijo, "Un análisis que considere la naturaleza humana y las sociedades modernas podría recomendarse para producir un nuevo orden de ideas que contribuyan a una mejor sociedad."

Marx habla de los propietarios privados, dijo Jeremy, y los coloca como propietarios de productos, hablando también del mercado donde se intercambian los productos. Introdujo la noción del dinero, tratando de encontrar un equivalente universal. El dinero es la manifestación del valor de los productos, claro está, por debajo del dinero todo es componentes y trabajo, pero sin olvidar la existencia de la maquinaria. Marx introdujo la noción de utilidad de un objeto para el consumo y la utilidad con el propósito de intercambio. El oro y la plata fueron sugeridos como los productos universales de intercambio; la sociedad se convertiría en una de productores de objetos. Introdujo no-objetos tales como conciencia y honor, que podían ser ofrecidos en venta por los interesados; adquirirían con un precio la forma de objetos. Son objetos con precio pero que no tienen valor (de labor).

Marx habla sobre la metamorfosis de los objetos: un objeto se convierte en un artefacto de valor-de-uso; el objeto-dinero comienza a tomar forma. Los objetos expresan sus precios en oro, la forma-dinero. Marx presentó el ciclo regular O-D-O (Objeto-Dinero-Objeto): alguien produce un objeto, lo vende y compra otro objeto. Para los propietarios de objetos es una venta, para el propietario de dinero es una compra. La siguiente noción es la de Alienación, cuando alguien vende su labor o fuerza de trabajo. Los objetos circulando sudan dinero por los poros. El valor de los objetos siendo constante, su precio varía con el valor del oro. Esto se conoce como el dinero corriente.

Ella continuó explicando: Marx habla de una metamorfosis que se interrumpe, el dinero cesa su movilización; cambia de mueble a inmueble. Los vendedores se transforman en recolectores de dinero, vendiendo solamente sin hacer compras. El dinero es el medio de pago. El dinero universal es el oro y la plata; hay otras representaciones de dinero, tales como billetes y plástico, que también circulan.

Marx introdujo la Transformación del Dinero en Capital: en lugar de usar el ciclo O-D-O, comienza a aparecer D-O-D (comprar para vender), al final se convierte en D-D, para obtener ganancias monetarias. O-D-O está orientado al valor de uso, mientras que D-O-D está orientado al valor de intercambio.

Ella continuó con la idea de que la plusvalía implica una ganancia, la expansión producida la convierte en capital. El dinero como capital es un fin en sí mismo, la circulación de capital no tiene límites, el dinero se agrega valor a sí mismo, cambia y se expande. Es dinero que vale cada vez más. La fórmula del capital es D-O-D.

Toda esta discusión sobre el capitalismo esta clara, dijo Jeremy, solo buscar ganancias financieras es contraproducente para la sociedad. El capitalismo tiene sus aspectos negativos que deben ser corregidos, pero eso no significa que el socialismo resolverá el progreso de la gente. El continuó, si las empresas colectivas, donde los trabajadores son propietarios, fueran productivas, ya serían parte de cualquier gobierno democrático. Si esas organizaciones no son populares, es porque no responden a las necesidades de la gente. Los únicos ejemplos de empresas de propiedad colectiva en democracia son el mercado de valores (una invención capitalista) que ya sabemos que tiene muchas críticas, los clubes donde los miembros pagan por capital y mantenimiento, y las organizaciones no gubernamentales sin fines de lucro.

Ursula dijo, causando sorpresa, "Concuerdo contigo en este caso pues el Socialismo Absurdo ha sido incapaz de construir una sociedad productiva, solo ha producido parásitos."

El gran error, según Jeremy, es creer que la sociedad debe funcionar bajo un modelo único, tal como socialismo, capitalismo o comunismo. La gente a cargo de definir las políticas debe reflexionar y decidir, entendiendo que la sociedad debe funcionar usando el modelo apropiado a las necesidades sociales a los niveles más bajos. Es inaceptable hacer funcionar un país con ideas socialistas desde altos niveles, es muy duro para el individuo. Tomemos el ejemplo de salud o educación, ¿deben esas organizaciones funcionar bajo una misma estrategia política o con una mezcla de éstas? La democracia debe permitir una mezcla de enfoques, unos socialistas, otros capitalistas. Forzar a la gente a aceptar un mal enfoque es inmoral, si una economía socialista no es productiva, debe ser sustituida por una capitalista.

Ella pareció entender las críticas de Jeremy y dijo, "He visto tantas oportunidades desperdiciadas con este Socialismo Absurdo, que casi coincido contigo."

El trató de enviar un mensaje en relación a su enfoque, diciendo que quería estudiar el socialismo desde un punto de vista científico. Decía que sus opiniones no eran caprichosas, que no era porque fuese terco o algo por el estilo. Quería dejar claro que promovía un estudio científico de los enfoques políticos que no dejara dudas. Quería demostrar que el socialismo no es viable. Esto se puede hacer usando recursos distintos, incluyendo economía, matemáticas, psicología, relaciones humanas, y muchas otras experiencias que la gente pueda incorporar en la discusión.

El Manifiesto Comunista

Marx y Engels propusieron el Manifiesto Comunista, dijo Ursula, hace ciento sesenta y ocho años. Se proponen una serie de acciones para transformar un país: abolición de la propiedad de la tierra, cobrar renta por la tierra para financiar los servicios públicos, mantener un impuesto progresivo, abolir la herencia, confiscación de la propiedad, centralización del crédito por medio de un banco central, centralización del Estado en las comunicaciones y el transporte, encargar al Estado las tierras y la producción de las fábricas, obligar a todos a trabajar en la tierra y en las fábricas, distribuir la población a lo largo y ancho del país, y brindar educación gratuita.

¿Es posible demostrar, preguntó Jeremy, que todas esas medidas producirán una mejor sociedad? Para mí no hay manera de demostrar su posibilidad de éxito, por lo tanto, son solo buenos deseos o fantasías de esos que quieren llegar al poder. Es una forma de lucir distinto con el propósito de ganar popularidad y obtener votos en las elecciones. Es una forma de mentirle a la gente y lucir importante. Es su manera de usar la democracia como un mecanismo para llegar al poder, controlando los países del mundo sin resolver los verdaderos problemas de justicia, libertad y prosperidad.

Analizando cada una de las propuestas del Manifiesto Comunista, pensó Jeremy, es posible notar que contienen un mensaje importante: mejorar la justicia para todos, no solo para algunos. Toda la población necesita justicia y oportunidades, no solamente los que tienen poder o dinero, todos necesitamos: ricos o pobres, simplones o importantes, blancos o negros, hombres o mujeres.

El mundo evolucionó conquistando territorios, la tierra fue confiscada por los usurpadores, eran esos que tomaron la tierra de forma inmerecida y se quedaron en el poder por la fuerza, decía Ursula.

Pero hay una cadena de propietarios de la tierra que no fueron invasores de territorios, ellos simplemente compraron la tierra al Estado, continuó Jeremy; ¿Tienen culpa por haber comprado la tierra? ¿O es falta del Estado por haberla vendido? Se necesitan soluciones con inventiva para hacer justicia, no simplemente quitarle la tierra a los propietarios. ¿No hay suficiente tierra para producir los bienes que necesita la gente? Si la respuesta es negativa, hay que hacer algo para recobrar la tierra y hacerla productiva. Si la respuesta es afirmativa, ¿Por qué nos preocupamos? hay suficiente tierra para todos.

Ursula y Jeremy continuaron conversando sobre los puntos planteados en el Manifiesto Comunista. Fue Jeremy el que dejó sembradas las dudas sobre su validez. El Manifiesto es utópico, busca una justicia social a costa de aquellos que tuvieron la oportunidad de poseer ciertos bienes. La evolución humana y la evolución de la sociedad no se pueden destrozar por un decreto nacido de la envidia. El Manifiesto es pura envidia, "Si nosotros no podemos tener lo que ustedes tienen, entonces que nadie tenga nada." El Manifiesto es violencia, forzar a unos a ceder sus bienes para complacer la envidia de una población ávida de injusticia. La justicia del pobre es la envidia, por qué vas tu a tener cosas y yo no puedo tenerlas?

La abolición de la herencia es un tópico relacionado con la propiedad de la tierra, los padres pasando sus mercancías a los hijos o familiares. Jeremy hacia preguntas, ¿Cuál es la justicia que se defiende aboliendo la herencia? ¿Por qué las propiedades deben ir al Estado? ¿Por qué va el Estado a administrar propiedades y volverse tan rico? ¿Por qué piensa el Estado ser un mejor administrador de la propiedad que un miembro de la familia? ¿Por qué deben ser tan drásticas las decisiones, aplicando la misma regla a todos? ¿Por qué penalizar a todos de la misma manera? ¿No sería mejor seleccionar qué está justificado y qué no?

Jeremy no heredó bienes materiales de sus padres, todo lo que ha poseído lo ganó con su trabajo durante su vida. El no aprueba a los padres que trabajan como burros para dejarle herencia a los hijos. El está de acuerdo solo con que se acumulen ciertos bienes para garantizar una vejez sustentable y vivir un poco mas confortablemente durante la vida. Acumular por placer o para dejarle a los hijos no debe ser un objetivo. Los hijos deben tener autonomía, hacer lo mismo que Jeremy, ganarse su vida y acumular lo que necesiten para su vejez y mejor vida. Si por casualidad usted tuvo una mejor oportunidad y ganó mas de lo que necesitaba, haga los arreglos a tiempo para distribuirlo entre sus familiares u organizaciones caritativas en las que confíe, el Estado no merece ninguna dádiva, son una banda de ladrones.

La confiscación de la propiedad es otra medida cuestionada, dijo Jeremy, ¿Por qué se necesita confiscar? ¿Por qué confiscar todo? ¿Por qué el Estado se siente mejor administrador que las empresas privadas? Aquí se necesita algo de razonamiento, lo que no sea bien administrado, o que no da los servicios requeridos, puede comenzar un proceso de confiscación por el Estado. Pero si la propiedad está bien administrada y da buenos servicios, no hay forma de justificar la confiscación.

La centralización de los créditos bancarios es otro caso que debe analizarse. ¿Por qué el Estado quiere controlar todos los bancos? ¿Por qué cree el Estado saber cómo usar los fondos privados para su propio uso? ¿Por qué el Estado no distribuye más bien las responsabilidades y toma para sí solo aquellas que le permiten estabilizar la economía, para que no haya sorpresas de recesión con el tiempo? El problema siempre es el mismo, el Estado se cree el merecedor de la toma de decisiones en todas las áreas. Es mejor establecer unos porcentajes de distribución de créditos tomando en cuenta cierta variedad en la población.

Ursula escuchaba, entendía que todas esas medidas del manifiesto eran contra la libertad y ella no era retrógrada. Ella seguía las observaciones de Jeremy con atención sin interferir mayormente en sus explicaciones.

El caso de las comunicaciones y el transporte centralizado es similar a los créditos bancarios decía Jeremy. ¿Por qué el Estado debe hacer todo? ¿No es suficiente controlar lo que se hace sin tener que hacerlo ellos mismos? El Estado puede contratar trabajos en esa área y guardarse algunas pocas para ejecución y dejar otras a la libre empresa.

Apropiarse de las tierras y las fábricas también debe evitarse, dijo Jeremy. ¿Por qué cree el Estado estar capacitado para administrar todas las tierras de un país? ¿Quién ha dicho que un monstruo como el Estado lo puede hacer mejor que las empresas privadas? El Estado debe quedar satisfecho con el control de alto nivel de las tierras y la economía, y no como el administrador y productor de todos los bienes y servicios. Ella intervino esta vez diciendo que los capitalistas compran tierras esperando que aumenten los precios y sin que las tierras produzcan. Jeremy dijo que estaba de acuerdo con la intervención de gobierno cuando fuese justificada.

La educación gratuita suena tan bonita, pero hay que recordar que la estructura educativa cuesta muchísimo, dijo Jeremy. ¿Quién paga por esos costos educativos? ¿Dónde va a buscar el gobierno el dinero necesario para pagar por la educación? Es preferible buscar otras maneras de ayudar a los necesitados, por ejemplo dando becas en lugar de pensar que la educación es gratuita. Las becas han estado presentes toda la vida, quiere decir que sí dan un beneficio a los que las merecen. Ursula con su experiencia universitaria estuvo totalmente de acuerdo diciendo que la educación requiere inversiones y los gobiernos no son los mejores proveedores de capital.

Todos sabemos que cualquier tarea requiere distintos niveles de conocimiento, y Marx no lo aclaró en su momento continuó Jeremy; Marx presentó la diferencia entre valor de uso y valor de intercambio, solo en término de los trabajadores, no identificó el contexto donde se ofrecían los productos; por ejemplo, las inversiones para construir las fabricas, los equipos, las herramientas, los insumos necesarios. Además, el mercado estuvo siempre allí, independientemente del nombre que quisieran darle; si la capacidad de pago es baja, nadie puede comprar.

Después de haber hablado tanto de política, Jeremy se sintió extenuado. Ursula lo escuchaba durante toda su presentación, aunque no estaba de acuerdo con sus opiniones sobre el Manifiesto. Ursula ha estado relacionada con este tipo de argumentos por muchos años y piensa que no hay respuestas definitivas a ese tipo de críticas. Jeremy estuvo de acuerdo diciendo que el Manifiesto fue escrito hace muchos años y tiene viejas ideas que deben actualizarse. Ursula tenía que regresar a su oficina, lo abrazó y le dijo, "Au revoir."

Reflexionando sobre la conversación con Ursula es posible establecer que el Marxismo tiene una gran influencia sobre el socialismo. La única contribución de Marx fue hablar en nombre de los trabajadores, más nada. No discutió la naturaleza humana, el Marxismo trata de cambiar a la gente en una máquina ideal; y todos sabemos que los humanos nacen con defectos intrínsecos, por lo tanto el sistema político es incapaz de cambiar a los humanos. No se debe forzar la injusticia aplicando regímenes políticos errados.

Capítulo 10: Restaurante de los Manteles Verdes

Jeremy aprecia bastante a su amigo Ivory, se conocieron en la Universidad, cuando los hippies eran famosos. Ivory es un hippie natural, un tipo simpático, fácil de conversar e intercambiar, parece querer a todo el mundo y todos lo quieren también. Jeremy salía de fiesta muchas veces con él, lo buscaba, iban a las fiestas y lo llevaba de regreso a casa. En esa época, Jeremy tenía un viejo auto marca Dodge 1955, lo llamaban el 'pájaro azul' y luego tuvo un viejo Jeep DKW. Una noche, yendo a una fiesta, lo pararon en la autopista porque no permitían un Jeep sin techo y lleno de gente. Recuerda que uno de los que iba atrás habló con el policía y finalmente lo convenció de dejarnos salir de la autopista, al explicarle que íbamos a una fiesta y todo eso.

Como todo hombre normal, Jeremy estaba muy interesado en las chicas, la realidad es que todas las que conocía le parecían atractivas. Pero debido a sus estudios no estableció una relación permanente con ninguna. Por otro lado, no quería gastar mucho tiempo detrás de las chicas, esa tarea toma mucho tiempo, tenía que terminar su carrera primero, graduarse era su objetivo principal. Jeremy tuvo pocas novias antes de casarse, a una de ellas la conoció en una fiesta con un primo de Ivory; la relación no duró mucho, lo más probable para su bien. La chica, sin una razón valedera lo amenazó de denunciarlo con su padre que trabajaba para el departamento de policía científica. Por unos cuantos abrazos, unos besos contundentes, y algunos frotes aquí y allá la mujer lo amenazó injustamente; Jeremy se olvidó de ella muy fácilmente. Esa novia tenía una hermana con la que se casó Ivory más adelante.

A Jeremy siempre le intrigó el matrimonio, ¿Por qué la gente se casa sin entender lo que significa y las dificultades que tiene? El matrimonio incluye los aspectos más importantes para la felicidad. Según Daniel Gilbert, la felicidad requiere amor, música, ejercicio y conversación. En un matrimonio es fácil encontrar sexo y conversación pues hay dos individuos involucrados. El sexo requiere algo de ejercicio, pero no es suficiente para ayudar al cuerpo, se necesita ejercicio adicional. La música la podemos encontrar comprando algunos discos y oyendo música. No podemos esperar tener una Diva como esposa.

Otra explicación que encontró sobre el matrimonio, además del amor y la compañía, fue que la gente sabe que sus padres se casaron y tuvieron una relación aparentemente saludable, ¿Por qué la tuya va a fracasar? El matrimonio es una tarea difícil, la gente no debería enredarse a menos que hayan analizado las consecuencias. Para ponerse de acuerdo en el matrimonio, la regla del 50% no funciona, solo aplica la del 100%. Si ambos discrepan, no hay solución, hay paralización.

Los extremos son malos, encontrar muchos problemas al matrimonio no es tampoco conveniente. Pero ser muy ligero sin prestar atención es un mal enfoque, hay que tomarse el matrimonio más seriamente. Es mejor tomar decisiones tempranas, retirarse o quedarse, que esperar al último momento. Jeremy recuerda el caso de una vecina que nunca se casó pues le encontraba problemas a todos los novios; al final fue la amante de un hombre casado y nunca tuvo hijos.

Una grave distorsión en el matrimonio ocurre cuando uno de los miembros tiene defectos evidentes. Es típico expresar que el o ella cambiaran mas adelante, que la vamos a ayudar. Por ejemplo, si tiene problemas de mal carácter, flojera, violencia, drogas, o que no estudió mientras era joven, la pareja dice que el cambiará mas adelante. El error es que la gente no puede cambiar al nivel que necesita la pareja, es imposible, por lo tanto es mejor considerar la separación a tiempo en lugar de insistir en que somos unos trabajadores sociales. Si usted acepta a su pareja como es, sufrirá las consecuencias, no espere milagros. Es un problema de la naturaleza humana, somos así, nacimos con ciertas características, difíciles o imposibles, de cambiar.

Su mente regresó a sus intereses actuales, los juegos y la sociedad. Los juegos son parte universal de la experiencia humana, en todas las culturas, sexos y edades. El ha estado rodeado de juegos toda su vida, recuerda cuando jugaba metras, trompo, policías y ladrones, Ludo, Monopolio, Damas y Ajedrez. Los juguetes le gustaban mucho, recuerda una vez que veía un carrusel que su madre había comprado para regalar a un niño conocido. Veía el carrusel todos los días encima de un armario, antes de que desapareciera en Navidad. También, cuando jugaba fútbol en su vecindad, hacían una 'caimanera,' todos los niños del barrio detrás del balón, un día había tanto polvo que no lograba ver el balón.

Jeremy recuerda cuando su padre lo enseñaba a jugar ajedrez. Le decía, "Ten cuidado del Mate del Pastor, puedes perder el juego en las primeras tres o cuatro jugadas." Jeremy jugó varias veces con su padre cuando tenía unos 10 años. Nunca olvidará la primera vez que le ganó a su padre, era adolescente. Recuerda que había estado estudiando algunas partidas usando revistas y repetía las partidas de los grandes maestros. Comenzó a entender mejor el juego con su propio esfuerzo. Su padre no dijo ni una palabra cuando perdió. ¡Nunca mas! ese fue el último partido que jugó con él. Jeremy no le pidió tampoco jugar otra vez. Su padre no estudiaba el juego mientras que él había profundizado mucho más.

De la misma forma en que jugaba cuando era un niño, hoy en día juega con sus nietos, y lo disfruta igual. Juegan dominós, damas, ajedrez y practican deportes. A través de los juegos, la gente intercambia y comienza a entender las reglas de comportamiento. Unos niños entienden mejor la importancia de las reglas, mientras que otros tienen más dificultad y les gusta inventar sus propias reglas. Inventar nuevas reglas en los juegos no es totalmente negativo, es una forma de invención de nuevos enfoques.

En vista de que suele ganar a sus nietos en damas y ajedrez, comenzó a pensar en qué forma podría motivarlos, dando alguna ventaja. Por ejemplo, en damas, si dejas a un jugador hacer muchas movidas al comienzo del partido, mientras que el otro no mueve ninguna, no le da una verdadera ventaja, el juego no es sensible a esta supuesta ventaja. "Ahora," pensó Jeremy, "Si le doy la ventaja de quitarme una, dos, o tres piezas al comienzo del juego, si podrá ganarme." Es una forma novedosa de ver el juego, dando una ventaja al que juega menos, además nutre la investigación.

El recuerda un juego de ajedrez modificado donde hay dos reinas en lugar de una. El profesor que inventó el juego fue su compañero durante los años de estudios avanzados. El profesor estaba orgulloso de haber inventado un nuevo juego de ajedrez con un tablero 9X9 y dos reinas. Los nietos de Jeremy han inventado docenas de nuevos movimientos de las piezas del ajedrez. En damas, sus nietos han inventado muchas movidas saltando por encima de las piezas y doblando esquinas arriba y abajo.

La mayoría de los juegos envuelven competición, muy pocos introducen colaboración. Muchos juegos son individuales, otros aceptan grupos cooperando para lograr los objetivos. Los componentes clave de los juegos son los objetivos, las reglas, el reto y la interacción. Las reglas representan la plataforma para la justicia; cuando las reglas no se obedecen, es difícil reconocer los resultados.

Los juegos envuelven estímulos físicos o mentales, y algunas veces ambos. Muchos juegos son principalmente mentales tales como ajedrez, otros son físicos como en cualquier deporte. Muchos juegos ayudan a desarrollar habilidades prácticas, sirven como ejercicio, o tienen un rol pedagógico, de simulación y psicológico. Los juegos son útiles para incrementar nuestro potencial físico o intelectual usando nuestro tiempo libre de recreación.

En todo deporte, el objetivo es ganar, además de practicar deporte, pasarla bien, mejorar la salud, entretener a los fanáticos, traer a la familia para que nos apoye, o sentirse bien luego del ejercicio. El objetivo definitivo es competir y ganar. Todo deporte tiene beneficios para la salud, los jugadores van a vivir mejor, se sentirán mejor. Los juegos de mesa son también positivos para el ser humano, hace falta distraerse de vez en cuando. Sin embargo, independientemente del enfoque, socialista o capitalista, el objetivo del juego es bien conocido, ganar.

Debido a que el juego representa un modelo competitivo, deja a mucha gente descontenta, esos que pierden. Como cualquier juego inventado para que haya ganadores y perdedores, el juego es un sistema que deja a muchos desilusionados.

Mucha gente, pensaba Jeremy, ha opinado sobre mi enfoque de juegos y socialismo, "Es la primera vez que oímos de alguien que trata de usar juegos con el propósito de analizar la sociedad. Tenemos nuestras dudas, pero te deseamos suerte en tu empresa. Es mejor tratar y fallar que nunca probar."

El contestaba aclarando, "Yo sé que hay ciertas limitaciones, pero quiero demostrar el efecto de las malas políticas aplicadas a los juegos, y que también ocurren en una sociedad real."

Habían otros que opinaban, "Es importante el concepto de producción en una sociedad, deben generarse bienes y servicios para ayudar a los ciudadanos. En un juego, deporte o pasatiempo, lo que existen son jugadores actuando en el campo o en el tablero, según las reglas y los eventos aleatorios permitidos en el juego. En los juegos no existe la noción de producción, a menos que sea simulada, que sea abstracta."

El suele decir, "Entiendo que en muchos juegos se pueden incluir esos términos usados en la sociedad. Pero los juegos están usualmente asociados al entretenimiento, suelen enfatizar la competencia y la ganancia, derrotando al oponente. Los juegos de mesa pueden simular la sociedad pero los deportes no."

Y el continuaba su justificación, "Sin embargo, en muchos juegos hay nociones importantes sobre las reglas y la justicia. Todo juego tiene reglas que definen su propósito y alcance. Las nociones de justicia establecen las condiciones para triunfar. En los deportes hay árbitros que ayudan a interpretar las reglas y toman decisiones según los eventos que ocurren."

Jeremy pensando en voz alta, ¿Hay algún juego de sociedad que simula una economía colaborativa, una que no produzca perdedores sino más bien ganadores? Un juego que no requiera atacar a su vecino (como en Monopolio), o no tomar en cuenta a su vecino (como Gazdálkodj Okosan, un juego socialista), sino más bien en el que hay una colaboración activa que mejore el bienestar de todos. Imaginaba un juego que pudiera ilustrar el tipo de competencia que ambicionaba Adam Smith y que no promociona aniquilación sino innovación, adaptación y conservación.

El creía en un juego que ilustrara los beneficios sociales y económicos de los empleados y propietarios, con recursos a largo plazo de mejoramiento y conservación. Se imaginaba torneos, donde grupos de jugadores, buscaban producir el bienestar acumulativo máximo para el equipo y el resto de los grupos. Ese es el tipo de juegos que nuestras economías nacionales deberían modelar.

Decidió visitar a su amigo Ivory y gastar un tiempo explicándole la idea: ¿Cómo relacionar los juegos con la política y cómo puede ayudarnos a entender mejor una sociedad? ¿Harán alguna diferencia el socialismo y el capitalismo aplicados a los juegos? Llamó a Ivory y decidieron verse en el Restaurante de los Manteles Verdes. Ese era un restaurante italiano famoso y económico ubicado en el centro-este de la capital. Solían ir allí por muchos años hasta que Jeremy se enteró de que Ivory apoyaba al nuevo régimen socialista. Jeremy no apreciaba para nada esa simpatía pero no podía hacer mucho para hacerle entender. Jeremy prefirió perder contacto con Ivory en lugar de enfrentarse y quién sabe si llegar al insulto, la situación estaba difícil por la política.

Trató de no caer en problemas esta vez y comenzó la conversación hablando más bien de filosofía que de socialismo. Jeremy iba a presentar sus ideas sin mencionar la palabra socialismo, trataría de utilizar más bien Sociedad.

"Hola Ivory, ¿cómo está todo? Hace tiempo que no nos vemos, ¿cuándo fue la última vez?

"Al menos hace 15 años, ¿te acuerdas? Cuando te enteraste de mi simpatía por el Diablo, quiero decir, por el líder de la revolución."

Cambió la conversación, "Los años no pasan en balde como el personaje de Oscar Wilde, Dorian Grey que nunca envejecía. Has cambiado bastante en 15 años, ¿verdad?" Jeremy pensó, Ivory se está poniendo viejo rápido, ¿pero por qué?

"Es verdad, yo sé que he cambiado, me veo todos los días al espejo y no me gusta lo que veo. De paso, tú has cambiado mucho también. ¿Dices que querías hablar de filosofía?" Preguntó Ivory.

Contestó rápido para enfocar la conversación, "Si, estoy haciendo una investigación informal sobre los juegos y la sociedad, más precisamente, cómo analizando ciertos juegos puede ayudarme a entender la sociedad."

Revisaron el menú y pidieron sopa para comenzar y espagueti con carne para el segundo. Mientras esperaban, Jeremy comenzó diciendo que la vida puede tomarse como un juego donde la gente tiene que jugársela, no hay otra. La gente sabe que al final de la vida no se gana nada ya que el premio es la muerte. La única forma de abandonar el juego es muriéndose, pero mientras estés vivo tienes que seguir adelante.

"Me parece que te lo tomas muy a pecho; no me agrada el énfasis en la muerte. La muerte es algo que sucede usualmente al final de nuestras vidas, cuando llegamos a viejos, por lo tanto dame algún incentivo para seguir luchando y jugando el juego de la vida." Exigió Ivory.

"Está bien Ivory, enfaticemos la vida en lugar de la muerte, analicemos las reglas y los objetivos de la vida para el juego de la vida en una sociedad."

"Primero que nada, la vida no es como cualquier juego tal como Monopolio, Fútbol, Ajedrez, Dominó o Pokemon Go. La vida no tiene reglas precisas, la vida tiene cambios de carril y épocas en que no se persigue ningún objetivo." Para ser la primera vez que conversaban, Ivory parecía un experto en el tema.

"Digamos mejor que la conversación la limitaremos a encontrar algunas analogías entre la vida y los juegos, y cómo los juegos pueden ser útiles para entender la sociedad." Jeremy sacó sus mejores argumentos para intentar paliar la incomprensión.

La sopa estaba llegando, era un minestrone italiano con bastantes vegetales y garbanzos. La sopa estaba muy caliente, Jeremy tuvo que detenerse y soplar para enfriarla.

Jeremy continuó la conversación, "Es mejor tomarse la vida como un juego en lugar de quedarse sufriendo, sin embargo, en mucha ocasiones debemos tomarnos la vida tan dura como nos venga. Sería hermoso jugar la vida disfrutando, sin sufrir mucho."

"Pero lamentablemente los humanos no somos así, solemos sufrir más que disfrutar, con todas las emociones y sentimientos a flor de piel. Esos que disfrutan mucho la vida, sin sufrir, se les conoce como sociópatas, gente que no aprecia a los demás y no teme el fracaso. Son propensos al conflicto y la confrontación, su vida puede ser caótica, viciosa y muchas veces corta."

"Está bien, mejor no te tomes la vida muy en serio, pero no olvides de tomar responsabilidad por tus acciones: ¡No le hagas a los demás lo que no te gustaría que te hicieran a ti!"

La sopa estaba excelente, Jeremy le añadió un poco de salsa picante que le mejoró el sabor. La sopa tiene un sabor especial con algo de picante y si le añades unos trozos de aguacate le da un sabor increíble, son sabores complementarios.

Ivory también apreció la calidad de la sopa, "Hay que felicitar al chef del restaurante, hagamos saber lo buena que estaba la sopa."

Regresando al tema principal, Jeremy dijo, "Diría que la conclusión es que la vida no es un juego, pero hay algunos aspectos de la vida que la hacen parecer un juego. En la vida es importante aprender a ganar y a perder. Todos tenemos buenas y malas experiencias, equivalente a ganar o a perder en un juego. Déjame sugerir otro aspecto, los juegos sociales pueden ser útiles para entender la sociedad ya que la gente interacciona y sigue reglas."

Su amigo planteó algunos argumentos, "Diría que un juego social como el Monopolio es un modelo de la sociedad, representando solo algunos aspectos de la realidad, por ejemplo el capitalismo. Deportes como béisbol, fútbol, o fútbol americano tienen unas reglas, jugadores, capitanes, directores técnicos, árbitros, terrenos, y fanáticos, y están limitados por espacio y tiempo. Los deportes tienen un claro beneficio, mejorar la salud de los jugadores y divertir a los fanáticos. Los juegos tienen como principal objetivo ganar, competir y demostrar quién es el mejor."

En la vida hay muchos objetivos, continuó Jeremy, ganar es solo uno de ellos; hay tantos objetivos como gente en el mundo. La gente juega a la vida una vez, el alcance es toda una vida, a menos que consideremos cada día como un nuevo juego.

Ivory añadió, "Estaría de acuerdo que en la vida cada día es un nuevo juego, pero no olvidemos el pasado, lo que hayamos hecho nos afecta en el futuro. En la vida, nuestra historia tiene un peso que tiene consecuencias, mientras que en un juego, la historia no cuenta tanto. Las reglas de un deporte son conocidas e interpretadas por árbitros; por lo tanto la opinión de los árbitros da una cierta flexibilidad. En la vida, no hay reglas exactas; las leyes, normas y regulaciones tienen un cierto grado de imprecisión. En la sociedad, el sistema judicial interpreta las leyes y regulaciones y el ejecutivo gerencia al país. En un deporte, el árbitro es el que interpreta los eventos y el capitán y el Director Técnico gerencia el partido."

"Me gusta la profundidad de tu análisis, demuestra que es una buena idea usar los deportes y los juegos de mesa como modelos para interpretar la sociedad. Además, sería posible diseñar un juego de una sociedad donde los enfoques socialistas o capitalistas puedan demostrarse." Dijo Jeremy, tratando de motivar a Ivory.

El espagueti napolitano con albóndigas llegó a tiempo, Jeremy pidió una servilleta para proteger su camisa, siempre se llenaba de salsa cuando comía espagueti. Ivory se valió de una cuchara y el tenedor para comerse el espagueti; dijo que aprendió a comerlo así cuando fue hace 30 años a Italia, justo cuando se graduó en la Universidad.

Jeremy recuerda aquellos tiempos, fue a visitar a Ivory y se enteró de que se había ido de viaje. Por qué Ivory no dijo nada, se fue sin dejar una sola traza. Su madre dijo que se fue sin dar explicación, "Menos mal que está bien, llamó y dijo que le iba bien, parece que hace unos trabajitos cuidando perros del vecindario y le pagan por horas."

Con los ojos pelados, Jeremy preguntó, "¿Tiene idea cuándo regresará?"

"No, pero en cuanto me llame o escriba, le dejo saber."

Ese era Ivory, impredecible, guardando secretos en su cabeza, sin compartirlos con nadie. Sin embargo, Jeremy recuerda cuando Ivory le preguntó qué opinaba sobre una relación con una mujer divorciada y con tres hijos, "¿Crees que sea una buena idea enredarme en esa relación?"

"Bueno, mira, si ustedes se aman, ¿por qué no?" le dijo Jeremy en esa época.

El terminó casándose con la dama y luego de unos años y uno o dos hijos más, Ivory se divorció. Hoy en día, Jeremy le hubiese dado otro tipo de consejo. Sus experiencias de vida le han enseñado diferente: no enredarse en relaciones complicadas, simplifique lo más que pueda.

Su amigo trabajó como ingeniero por muchos años, y después ganó una buena plata contratado por el gobierno, se volvió rico trabajando para el régimen socialista. Ahora como hombre maduro, Ivory se confiesa comunista, "Voy a estampar mi voto sobre el gallito rojo que representa el Partido Comunista en el país." ¿Por qué no confesó eso antes, cuando era joven? Se dijo Jeremy y miró a Ivory mientras pensaba en su juventud; en esa época Jeremy hablaba de anarquismo en lugar de comunismo, pero Ivory no exteriorizó su secreto comunista.

Ivory que no sabía que pensaba Jeremy en estos precisos momentos dijo, "Escucha, si estás buscando juegos que modelen una sociedad, porque no usas Monopolio: compra inmuebles y compañías de servicios, construye un imperio y gana mucho dinero. Yo aún guardo unos billetes de Monopolio en alguna parte."

Maneje sus Finanzas Sabiamente
Este es otro juego socialista inventado en Hungría, que simula a la gente viviendo en socialismo. Se llama 'Gazdálkodj Okosan' en Húngaro. Es similar al Monopolio, pero orientado a una sociedad socialista. 'Go' es el cuadro que representa la fábrica donde trabajan los proletarios. Cada vez que pasa por allí, representa el día del pago. Tarjetas de la rueda de la Fortuna hacen la función de suerte o actividades comunitarias. También hay cuadros para la carnicería, el restaurante, el zoológico, la zapatería, la discoteca – y ciertamente, justo después del pago – la licorería.

El objetivo del juego, según la forma sugerida por el socialismo, no es amasar una fortuna en propiedad y bienes. El objetivo es comprar un apartamento y amueblarlo. El que logra hacerlo primero es el que gana. La gente cobra cada vez que da una vuelta al tablero; pagan por el apartamento y compran muebles. La gente puede también gastar su salario pagando por comida, restaurante, el cine, yendo a eventos deportivos: El juego induce a evitar la compra de alcohol o tabaco. Los jugadores no pueden cambiar sus muebles con otros jugadores para evitar la especulación de un mercado negro.

El juego de mesa que más ha jugado Jeremy, además del Ludo, es Monopolio, se sintió emocionado con el tema y dijo, "Cuando era adolescente, jugaba Monopolio en cantidad, compraba todas las propiedades de una calle, después las casas y finalizaba con los hoteles, luego se enriquecia con la renta y el ingreso. Era divertido, con tanto dinero ficticio."

Su amigo, mostrando sus ideales comunistas escondidos dijo, "¿Pero por qué crees que estás contra el socialismo? ¡Simplemente porque jugaste mucho Monopolio!"

Jeremy no estaba para nada de acuerdo con el comentario y trató de explicar, "Yo diría que era solo un juego, nadie se vuelve capitalista o comunista por un juego. Sería igual que visitar la Isla, no te volverás comunista por caminar por El Malecón de La Habana, o ir a La Bodeguita del Medio, o por bañarte en una playa de la Isla. Es posible que más bien repudies la sociedad de la Isla cuando te enteres de lo que sufren."

Ivory, influenciado por su terquedad comunista, defendió la necesidad de progresar hacia el socialismo y el comunismo.

Un poco perturbado emocionalmente por esa visión atrasada y cambiando de tema Jeremy añadió, "De paso, has oído de algún juego que presenta estrategias socialistas. Me imagino que los socialistas, por su mente atrasada, no han sido capaces de inventar ningún juego que promueva sus ideas."

"Hay un juego llamado Kolejka, inventado en Polonia, simula la vida durante la Guerra Fría en la época Comunista de Polonia, ya hace muchos años. De paso, no me siento orgulloso de ese juego. Es una crítica al comunismo."

Kolejka

El juego de mesa *Kolejka* (i.e. Cola) cuenta la historia del día a día de la vida en Polonia al final de la era Comunista. La tarea de los jugadores parece simple: tienen que mandar a sus familiares a varios negocios para comprar productos según su lista de mercado. El problema es, sin embargo, que los anaqueles de los cinco negocios cercanos están vacíos. Kolejka simula a la gente en colas para comprar comida, muebles, y otros productos. Pueden jugar entre dos a cinco jugadores, cada uno de ellos controlando cinco fichas que representan a los miembros de la familia. Los familiares necesitan hacer compras para ciertos eventos tales como cumpleaños o fiestas tradicionales, sin embargo, cada jugador se enfrenta al problema de escasez de los productos.

Los jugadores deben decidir en cuál negocio hacer la cola, y pueden jugar varias tarjetas de eventos, tales como 'Este no es su puesto,' 'Colega en el gobierno,' o 'Negocio cerrado,' que determinan un cambio de orden de las fichas en las colas (representando un salto en la cola, o forzar al jugador fuera de la cola).

Jeremy, que ya conocía el juego le dijo, "Esto me recuerda lo que pasa en La Pequeña Venecia, sufriendo tanto por la escasez. La gente en las colas sin encontrar los productos básicos a precios regulados. La gente tiene que cruzar la frontera, hacia la Hermana República, para traer productos esenciales a sus familias. Inclusive hay 'bachaqueros' que compran para revender en el mercado negro"

Su amigo, defendiendo sus ideales dijo, "Este juego de hacer colas es una mala representación del socialismo o comunismo, es solo una propaganda contra el gobierno revolucionario de El Pueblo."

"Si claro, siempre encuentran excusas a favor de los regímenes socialistas."

Poniéndose más y más a la defensiva, Ivory continuó, "La revolución debe hacerse en las calles, no en un juego. ¡Larga vida a la clase trabajadora, denles el poder a los trabajadores para controlar el gobierno y las fábricas!"

Jeremy comenzó a notar cierta emoción en la cara rojiza de su amigo y no quiso caer de nuevo en problemas por la política. Cambió el tema y añadió, hay otro juego socialista que simula a la gente viviendo en socialismo.

Ya más calmando, Ivory trató de ser complaciente, "Es interesante conocer que existe un juego socialista, pero me imagino que no es muy popular en el mundo. El imperialismo aplasta la popularidad de esos juegos para evitar el socialismo en el mundo. ¿Crees que es un chiste?"

"Es interesante conocer juegos orientados al socialismo, podrían hacer la 'revolución' con los juegos en lugar de perjudicar a la gente. Un juego no perjudica a nadie." Dijo Jeremy enfatizando el daño que ha hecho el socialismo en La Pequeña Venecia.

Ivory dijo, "No seas tan duro con el socialismo, es la única alternativa viable que tienen los pobres, en capitalismo nadie los ayuda, solo el socialismo o el comunismo podrá mejorar a los necesitados."

"¡Estás soñando! El socialismo no ha demostrado viabilidad, solo los pobres e ignorantes pueden creer en un sistema que no funciona, inclusive su teoría está equivocada."

"Escucha, hasta el momento, solo el capitalismo y el socialismo han sido considerados como alternativas en el mundo moderno y yo considero al socialismo superior" afirmó Ivory tratando de completar las ideas.

Jeremy trató de ser objetivo con sus argumentos y explicó que el no estaba de acuerdo con el 'Capitalismo Salvaje,' ese que promueve ganancias financieras sin ser productivo. Pero tampoco estaba de acuerdo con el 'Socialismo Salvaje,' ese que promueve la discriminación por las ideas y favorece solo a los que apoyan al régimen regalando dinero, regalos, comida, suministros, aparatos eléctricos, inclusive casas.

Aunque Jeremy no planeaba reunirse con Ivory en un futuro inmediato, dijo, "Ivory, estoy encantado de haberme encontrado contigo de nuevo, quisiera que nos viésemos próximamente. Fue una conversación productiva. Espero poder documentar nuestra conversación en el futuro. Reunámonos de nuevo más adelante para revisar las conclusiones sobre juegos y sociedad."

Ivory, que tiene muy buenos deseos hacia Jeremy, dijo, "Estaré listo para reunirme contigo en todo momento."

Capítulo 11: Bingo en Pueblo Playero

En la siguiente visita a Pueblo Playero, Jeremy estaba en la casa y se levantó temprano, tuvo la suerte de que había electricidad para preparar un café con su cafetera eléctrica; aún tenía café, lo trajo de la capital, dos bolsas de medio kilo, una para su vecina y otra para él. En el pueblo es difícil conseguir café, cuando llega se acaba rápidamente. Comenzó a tomarse una taza temprano, en el porche, se quedó mirando la calle y las casa del frente, las cercas de las casas y los cables eléctricos colgando, y unos pocos cocoteros que se asoman por detrás de las casas; la mañana con su cielo azul vislumbra un buen día caluroso. Era marzo y había una brisa que mejoraba la temperatura. Recordaba que agosto es uno de los meses más calurosos, en esos meses sus pulmones se sancochaban al mediodía.

Esa mañana, Jeremy fue a comprar algunas provisiones, se encontró a su amiga Palmira unas cuadras más adelante y comenzó a conversar con ella, "Buenos días, ¿cómo está todo? ¿Cómo está tu hijo?"

"Todo está bien, mi hijo duerme todavía, está resfriado y necesita descansar. Si necesitas huevos pasa por el Mercado de los Chinos que aún tienen. Ya sabes lo difícil que es encontrar comida estos días."

"Lo que pasa es que uno no encuentra lo que necesita. Yo pagaría un precio mas alto por los alimentos regulados," dijo Jeremy.

"Yo entiendo, pero si las cosas son más caras, no seremos capaces de pagar tampoco por ellas. De paso, ¿quieres jugar bingo esta noche? Nos reunimos casi todas las noches y algunos fines de semana."

"Sí, claro, trataré de ir a jugar bingo, gracias. Por las noches no tengo mucho que hacer, no me gustan los programas de la televisión, y tengo solo un canal disponible; presentan más que todo novelas y el concurso de las Miss Universo."

En estos años ha habido un incremento de jugadores de bingo en el pueblo, las familias se reúnen a jugar más frecuentemente que antes. Los vecinos se reúnen en grupos para que los premios sean mayores, juegan a veces en días de semana o los fines de semana. En la semana juegan después de las 8pm, y los fines de semana después de las 4pm.

El bingo es un conocido juego social, vale destacar que lo importante es la relación entre los jugadores. Jeremy se inspiró en esas relaciones de juego informal para proponer un nuevo enfoque que define las relaciones en la sociedad. Es muy importante destacar que en un ambiente de bingo formal, jamas podía encontrar la inspiración que encontró. En un juego de bingo formal, la gente se sienta callada a escuchar los números cantados, no hay oportunidad de intercambiar con otros jugadores. En un ambiente de bingo informal, la gente conversa un poco mas y tiene la oportunidad de intercambiar y de observar los gestos de los demás jugadores.

Hace dos o tres años, Jeremy recuerda que lo invitaron a jugar bingo, se sentó alrededor de la mesa, los jugadores ya llevaban una o dos horas jugando. El tomó su tarjeta y unas piedras para marcar los números. Se dio cuenta de que uno de los jugadores ganaba casi todos los juegos, gritando siempre 'bingo;' no había ningún chequeo para confirmar que había ganado. Los juegos esa noche eran muy rápidos, después de cantar unas diez o quince bolitas, salía un ganador. No es normal completar los patrones tan rápido, usualmente toma unas treinta bolitas. No ganó ni un juego en toda la noche. No quedó impresionado por su falta de desempeño y no regresó a jugar de nuevo.

Esa noche Palmira lo recibió, parecía feliz de verlo, había unos diez jugadores sentados. Agarró una silla y se puso cerca de la luz, para poder ver los números más claramente. Seleccionó una tarjeta y jugó toda la noche sin suerte; trató de prestar atención a los números que salían con más frecuencia. El ambiente era muy informal, sacaban las bolitas una por una y la encargada ponía las bolitas sobre su propia tarjeta. Cuando alguien gritaba 'bingo,' había poca intención de confirmar el ganador. Ya que era el primer día que jugaba, Jeremy no supo dar alguna opinión, pero no se sentía contento perdiendo. Cada juego costaba solo 10 pesos por tarjeta. Perdió unos 300 pesos esa noche; no es mucho en esta época inflacionaria, es mucho menos de un dólar americano, pero sigue siendo una pérdida, unos 15 juegos jugando con dos tarjetas por juego.

Al día siguiente, pensando en su primera experiencia de bingo, recordó que los jugadores usaban la misma tarjeta toda la noche. Jugaban con la misma tarjeta todos los días, inclusive se la llevaban a su casa para usarla el día siguiente. En cualquier bingo organizado, las tarjetas se distribuyen al azar en cada juego. Jeremy no sabía cómo habían elegido sus tarjetas, decían que era porque les daba suerte. Significa que notaron cuales números salían con más frecuencia. Jeremy recordaba cuáles eran los números que salían con más frecuencia: 17, 46, 75, 31, 8, 34.

La próxima vez voy a buscar una mejor tarjeta con los números más frecuentes pensó Jeremy. Al día siguiente, Palmira le dijo saca una tarjeta y comienza a jugar, el decidió buscar unas tarjetas ganadoras. Perdió esa noche al menos 400 pesos más, las tarjetas eran mejores pero no lo suficiente como para hacerlo ganador.

Al día siguiente, cuando iba a comprar provisiones, Jeremy vio a Palmira afuera de la casa y le dijo, "Les sugiero a los organizadores que dejen a los recién llegados ganar al menos un juego, para que se motiven a seguir jugando." Palmira no contestó, dando a entender que no sabía cómo hacer para dejar ganar a alguien. Jeremy sabía que no era que hubiese trampa o que el juego estuviera amañado, pero la gente seguía las reglas impuestas por Palmira para seleccionar las tarjetas.

Más tarde, cuando Jeremy vio a Marbella, dijo, "Los seres humanos son muy inteligentes, cuando juegan están pendientes de los números más frecuentes."

"No, creo que es más bien la suerte, no es por contar los más frecuentes."

El insistió, "La inteligencia, además de otros factores, está asociada con lógica, aprendizaje y memoria. Es una capacidad innata del ser humano, no hay que hacer mucho esfuerzo para usarla diariamente."

"No entiendo porque contar los números más frecuentes me permite ganar juegos," respondió ella inocentemente.

Jeremy conoce de la teoría de probabilidades y dijo, "Dime entonces ¿porque guardas la misma tarjeta para todos tus juegos?"

"Ah, es porque la tarjeta me da suerte, yo gano de vez en cuando."

Prefirió no seguir la conversación, ya que se dio cuenta de que ella no estaba clara sobre la posibilidad de un bombo amañado. La inteligencia, explicaba Jeremy, es una capacidad mental general que, entre otras cosas, incluye las habilidades de razonar, planear, resolver problemas, pensar en abstracto, entender ideas complejas, aprender rápido y aprender de las experiencias. No es solo aprender de los libros, que es una habilidad académica limitada, o los que son inteligentes para los test. Más bien se refiere a una capacidad más amplia y profunda de comprender nuestro entorno – 'avanzar,' 'darle sentido' a las cosas, o 'determinar' qué hacer.

Los individuos difieren unos de otros en su habilidad de entender ideas complejas, adaptarse efectivamente al ambiente, aprender de las experiencias, y así sucesivamente. Aunque las diferencias individuales pueden ser sustanciales, no son enteramente consistentes: el rendimiento de una persona puede variar en distintas ocasiones, en diferentes dominios, y juzgados por criterios distintos. Los tres procesos subyacentes para el pensamiento inteligente son: codificación del estímulo (cómo almacenamos el conocimiento), inferencia de relaciones (cómo razonamos), y la aplicación de las relaciones (cómo tomamos decisiones).

Es evidente que los jugadores de bingo cuentan la frecuencia de salida de números como cualquier persona. La codificación de estímulos les permitió contar los números más frecuentes. Infirieron las relaciones entre frecuencia y tarjetas. Toman decisiones seleccionando tarjetas y las guardan en todos sus juegos. No fue simplemente suerte, era una ventaja que tenían los que ponían atención. Los recién llegados estaban en desventaja, pues no sabían qué números salían con más frecuencia. Para los jugadores experimentados, era una manera de beneficiarse del conocimiento acumulado durante muchas noches de bingo, manteniendo las estadísticas y eligiendo las mejores tarjetas.

La noche siguiente a las 8pm, Jeremy saludó a Palmira y chequeó quienes eran los demás jugadores. Antes de comenzar a jugar se dio un tiempo para seleccionar un par de tarjetas con los números frecuentes que recordaba. Comenzó ganando dos o tres juegos en fila y se dijo, "Muy bien, ahora puedo comenzar a ganar algunas manos, todo no será pérdida. Voy a recuperar mi dinero. Podré ser feliz de nuevo. Usted es más feliz cuando las cosas le salen según sus deseos."

Esa noche se sintió mejor, "Ahora estoy nivelado con el resto de jugadores, todos sabemos cómo seleccionar una buena tarjeta. El sistema nos permite seleccionar las tarjetas y guardarlas para los demás días." Las siguientes noches usó las mismas tarjetas y siguió ganando, recuperó algo de dinero. No pensaba que estuviera amañado el proceso para dejarle ganar, eran las tarjetas que seleccionó con los números más frecuentes. Recuperó sus pérdidas como para sentirse cómodo. Fue una sensación extraña, primero no confiaba en los otros jugadores, pensando que el juego estaba amañado, y ahora se sentía tan bien por haber ganado unos cuantos juegos, significaba que comenzaba a tener confianza en el sistema establecido.

En este momento, Jeremy pensó, "Me siento bien ganando, pero tan bien, que ya no quiero ni criticar a los organizadores." De pronto notó que estaba poseído por el sistema de juego, ya no tenía control de sus sentimientos. "¿Por qué estoy ahora de acuerdo con el sistema de juego? Claro, es porque estoy ganando, me convertí en otro seguidor del sistema, me he convertido como todos los demás en un seguidor de beneficios personales, apoyando un mal sistema de juego por obtener ganancias financieras." Se sintió asustado con la comparación, ¿es que iba a apoyar ahora a un mal régimen socialista por recibir algún beneficio? El mismo sentimiento de ganar en el juego de bingo aplica para los socialistas, obtienen beneficios y apoyan al régimen. Los únicos que pueden lograr un cambio en el país son los que no han sido beneficiados, ¡comencemos!

Unos días después, comenzó a notar que algunos familiares de jugadores frecuentes tenían una excelente noche ganando seguido, sus números les llegaban en casi todas las manos; un jugador se ganó unos 1500 pesos en una hora. Jeremy no olvidará la cara de ese jugador, era gordo y moreno, de mirada penetrante y de bigote minúsculo, y Jeremy le dijo, "¿Por qué el número 8 está saliendo en casi todas las manos y tú tienes precisamente el 8 en todas tus tarjetas?" El hombre no contestó, se quedó mirando fijamente a Jeremy y torció el cuello en sentido contrario, Jeremy empezó a sospechar que había trampa.

Al día siguiente, le preguntó a Palmira sobre el incidente, "¿Cómo era posible que el número 8 saliese tan seguido?" También le preguntó sobre el tipo que había ganado tantos juegos. Palmira le dijo que era normal que alguien ganara juegos consecutivos y recogiera tanta plata. Sin embargo, le dijo que tuviera cuidado de no meterse en problemas con el tipo, pues trabajaba para la policía y tenía contactos en el gobierno, más precisamente con la policía política. Jeremy le explicó que solo quería saber cómo era que alguien ganaba tanto y tan frecuentemente. Le dijo, "Espero que ese señor del número 8 no juegue más, tiene mucha suerte."

Después pensó, si yo acepté las condiciones, no debería sentir sospechas, todos podemos elegir nuestras tarjetas. Si todos elegimos nuestras tarjetas, no hay un problema de deshonestidad, no debería estarme quejando. Sin embargo, el juego honesto requiere que no se elijan las tarjetas y usarlas en todos los juegos. Voy a proponer que se haga un cambio en el futuro. Jeremy volvió a sospechar, las cosas no estaban mejorando.

La siguiente vez, luego de saludar a los jugadores, Jeremy trató de buscar las mismas tarjetas que le habían permitido ganar, pero no las encontró. No estaba seguro de si era que las habían escondido adrede o si había sido otro jugador que las estaba usando. Tuvo que conformarse a seleccionar otras tarjetas; no tuvo tanta suerte esa noche con las nuevas tarjetas. Para seleccionar una buena tarjeta, se necesita buena memoria y tiempo de búsqueda en el lote de tarjetas; ese día no tenía mucha paciencia como para buscar una buena tarjeta.

Ya que Jeremy sabe que cualquier aparato mecánico puede estar amañado, bien sea por culpa del selector o por las bolitas, propuso a los organizadores la posibilidad de hacer algunos cambios en la forma como se jugaba. Por ejemplo, seleccionar tarjetas al azar, en lugar de que los jugadores mantuvieran su misma tarjeta. Les dijo, "He notado que hay unos números que salen con más frecuencia que otros."

Palmira se quedó viendo con grandes ojos y dijo, "Si, yo he notado eso también, ¿pero por qué pasa eso? No entiendo."

"No sé por qué, quizás hay unas bolitas más pequeñas que las otras o algunas son más pesadas, lo que sea. Puede ser que el bombo tiene alguna maña. Por qué no mezclamos las tarjetas y que los jugadores reciban tarjetas al azar en cada juego. No estoy sugiriendo que se cambie la manera en que han jugado todos estos años, pero podemos hacer cambios una vez, para probar como nos va."

Palmira no le dio mucha atención a la solicitud. Para ella, era importante ganar aunque fuera unas pocas veces, que no estuviera perdiendo siempre. En los siguientes juegos, no invitaron más a Jeremy, el los vio desde lejos, jugando escondidos. No jugó más pues viajó a la capital en esas semanas, pero sintió que algo que dijo sobre cambiar el juego no fue bien recibido.

La experiencia del juego de bingo fue productiva, le dio a Jeremy argumentos para analizar la relación entre las experiencias diarias con el soporte a un mal régimen político. Era evidente que la gente seguía jugando pues había un beneficio, ganaban algunos juegos de vez en cuando, todo no era solo pérdida. Ellos aceptaron participar en un proceso amañado, solo por ganar unos cuantos juegos. Inclusive Jeremy comenzó a sentirse bien cuando comenzó a ganar, empezó a olvidar sus reclamos. Así es la naturaleza humana, la gente es débil, acepta situaciones amañadas pues hay algún beneficio. En el tema político ocurre lo mismo, la gente apoya un mal régimen pues obtienen pequeñas ventajas aceptando la injusticia.

Esos días fueron los últimos en que visitó el pueblo, no volvería a jugar bingo. Antes de irse del pueblo, cuando regresaba a la casa una mañana, vio a Charlie y dijo, "Hola, ¿cómo va todo? ¿Qué haces? ¿Estas ocupado ahorita?"

"Si, pero pasa de todas formas, voy a tomarme una pausa."

Charlie es una de esas personas que arregla su casa aunque no haya nada que arreglar, a veces abre huecos a propósito para tener algo que hacer. Algunos vecinos dicen que la casa de Charlie está evolucionando mal, que la casa no luce bien, que las cosas están mal puestas. A veces hace paredes y pone puertas que hacen que la casa esté fea, entonces tiene que tumbar las paredes y acomodar los daños.

Jeremy le preguntó por qué no jugaba bingo en casa de Palmira.

"Bueno, yo solía jugar bingo hace tiempo, pero perdía casi todo el tiempo. Preferí no seguir."

"¿Crees que el juego está amañado?"

Charlie entendió que Jeremy tenía algún problema con el juego de bingo y dijo, "Diría que no. Pero como ellos han jugado por tanto tiempo, saben cuáles números salen con más frecuencia y cuáles son las mejores tarjetas. Ellos han usado el mismo bombo y las mismas bolitas por muchos años."

"¿Pero por qué unas bolas salen más frecuentemente que otras?"

Charlie simulando a un buen científico dijo, "Cualquier instrumento mecánico tiene tendencias imbuidas. Lo que pasa es que a la gente del pueblo no le importa, solo quieren pasar un rato agradable. Y ganar, por supuesto."

Jeremy tiene una opinión controvertida de Charlie y prefirió no quedarse mucho, la falta de imaginación de Charlie es negativa. Luego que falleció el líder de la revolución, Jeremy recuerda haberle preguntado a Charlie por qué había dejado de hablar el líder unos meses antes de morir, mientras estaba en la Isla. En esa época, nadie sabía que pasaba, el líder no hablaba, la gente sabía que tenía cáncer, pero Jeremy ha conocido a mucha gente con cáncer que sigue hablando hasta el día en que se mueren. El líder no se caracterizaba por ser mudo, gastaba horas y horas hablando en la televisión, la gente se aburría de oírlo hablar tanto.

Durante una conversación en el porche con otros cinco vecinos y algunos niños jugando, Jeremy preguntó, "¿Por qué el líder de la revolución dejó de hablar por varios meses antes de morir?" Jeremy apunto a Charlie para que le diera una respuesta, pero por su falta de imaginación, lo único que hizo fue apuntar más bien a Jeremy, "Yo no sé, ¿porque no me dices tú?"

El recordó una foto en el periódico y dijo, "Yo vi una foto del líder con sus hijas, cuando estaba enfermo, y la cara del tipo era como la de un bobo, como si hubiese perdido la conciencia, era una momia sonriente." Había muchas otras posibilidades, quizás estaba tomando pastillas para el dolor y estaba soñoliento, o puede ser que estuviera inconsciente y no pudiese hablar. El problema era que Charlie era incapaz de dar una razón. Y esta no fue la única oportunidad en que Jeremy había notado su falta de imaginación, le sucedió muchas veces.

Un vecino sugirió, "Creo que el líder ya llevaba mucho tiempo muerto, no podía hablar pues estaba muerto." El vecino demostró mucha más imaginación que Charlie. Jeremy no apreció su silencio, lució como alguien siendo atacado con esa pregunta, en lugar de disfrutar el momento y darle a la imaginación un respiro.

El líder de la revolución, averiguó Jeremy de acuerdo con algunas noticias, murió de un ataque masivo al corazón después de sufrir mucho y el no poder expresarse menguó su deseo de vivir. No podía hablar debido a una infección bronquial. Parece que tuvo varias infecciones similares, le implantaron un tubo en la tráquea, pero la insuficiencia respiratoria persistía y no podía hablar. La información apareció en la prensa unos meses después. De acuerdo con otras fuentes, recordó Jeremy, los doctores de la Isla no diagnosticaron adecuadamente el cáncer, tratándolo con quimioterapia y otros tratamientos que no eran adecuados para su cáncer. Su enfermedad se hizo resistente e imposible de tratar, su calidad de vida fue seriamente afectada, así como su expectativa de vida. Todo esto explica un poco mejor por qué el líder se quedó mudo por tantos meses.

La analogía entre la experiencia del bingo en Pueblo Playero y las decisiones que la gente toma apoyando un mal régimen socialista, demuestra el impacto de las actividades comunes en la arena política. De la misma forma que los organizadores del bingo actúan, dejando que los jugadores mantengan sus mismas tarjetas en todos los juegos y estableciendo sus propias reglas, demuestra un cierto grado de irresponsabilidad. Cuando votan en una elección, no analizan la situación global, no ven el impacto hacia el futuro, solo ven su beneficio temporal, ¿Qué hay para mí?

En un ambiente de bingo formal, hay reglas que han sido sugeridas para evitar ventajas de esos jugadores que se las dan de vivos. Lo normal es que los jugadores no seleccionen sus tarjetas, se mezclan para distribuirlas al azar. Tanto el bombo como las bolitas se revisan con frecuencia para comprobar que funcionan correctamente, que están completas y que no estén amañadas. Pesar las bolitas, chequear el tamaño, y que estén completas, son práctica común. En Pueblo Playero, la gente no perdía tiempo chequeando los números cantados, solo querían jugar, pero siempre y cuando eligieran sus tarjetas. De la misma manera en que la gente guarda sus tarjetas todo el tiempo, la gente trata de mantener sus ventajas en la sociedad, sean las que sean. El país está sujeto al mismo razonamiento, no cumplamos con las prácticas normales, evitemos cambios en el país, mantengamos nuestras ventajas, que los honestos se joroben.

Comentarios sobre Bingo/Sociedad
"De la misma forma en que se juega bingo informal demuestra la manera de comportarse en la sociedad"
"La gente que juega bingo informal quiere mantener sus ventajas, les tomó un tiempo descubrirlas, no quieren perder sus beneficios marginales y no quieren oír las críticas"
"La gente que juega bingo informal piensa que sabe mucho, que son muy sabios, que los demás no se dan cuenta de las injusticias"
"Las reglas del bingo informal están hechas para beneficiar al organizador y a los que descubren las ventajas subyacentes"
"La experiencia del juego de bingo demuestra lo débil que son las personas. Si aceptas injusticias en el bingo ya que obtienes un beneficio, puedes aceptar injusticias en la sociedad ya que puedes beneficiarte en la vida"

Capítulo 12: Volviendo al Futuro

Jeremy se ha considerado siempre proclive a la justicia y a la solidaridad, independientemente de la política. Pero, como buen filósofo, tiene sus dudas sobre demasiada intervención gubernamental en la vida de los ciudadanos. Siente que la democracia está llena de problemas y que en cuanto al régimen socialista ortodoxo tiene serias dudas sobre su viabilidad. Ese tipo de régimen, siendo opresivo, restrictivo de la libertad, la decisión propia y la autonomía, no puede triunfar en el futuro. Una alternativa sería un balance entre capitalismo (democracia) y ayuda Social; la libertad del capitalismo y los beneficios sociales. Con todos sus defectos, la democracia aún da soluciones prácticas para sociedades prósperas.

En un deporte, tiene menos influencia la noción política, el objetivo del juego no tiene relación con la política. Sin embargo, lo que se puede hacer es simular en el deporte la aplicación de directivas similares a las políticas que se utilizan en la sociedad. Las políticas socialistas aplicadas al fútbol, demuestran lo absurdo del enfoque socialista.

El objetivo del fútbol es meter el balón dentro del arco del contrario, usando cualquier parte del cuerpo del jugador excepto las manos y los brazos. El portero es el único jugador que puede tocar la pelota con las manos y brazos, y eso mientras se encuentra en su propia área que rodea la de penaltis.

El árbitro está a cargo del juego. El principal objetivo del árbitro es hacer cumplir las reglas y salvaguardar a los jugadores. Es responsabilidad del árbitro asegurar que el juego es placentero para todos, jugadores, espectadores y oficiales.

Las principales reglas se relacionan con las dimensiones del terreno, el balón y su tamaño, la cantidad de once jugadores en cada equipo, los oficiales que ayudan al árbitro, la duración del juego, la patada de inicio, los balones en juego y fuera de juego, el método de anotar, la regla del fuera de juego, las faltas y la mala conducta, los tiros libres directos o indirectos, el tiro de penal, lanzar la pelota dentro, el tiro de arco, y el tiro de esquina. Otras consideraciones se refieren a las estrategias de ataque y defensa, como actuar correctamente y responder a cualquier situación.

Uno de los fanáticos norteamericanos más famosos del fútbol, el antiguo Secretario de Estado Henry Kissinger, escribió una vez, "No es un accidente que no haya llegado a finales o semifinales de campeonato mundial ningún país Comunista (excepto Hungría en 1954). Demasiada planificación siguiendo estereotipos destruye la creatividad indispensable para un fútbol efectivo."

Unas semanas más tarde, Jeremy se encontró con su amigo Joseph. Lo conoce desde el bachillerato, solían estudiar juntos para los exámenes e iban juntos al cine los domingos por la tarde. Se acordaba de esos felices días, los amigos de la escuela, las muchachas, los profesores, las conversaciones y experiencias que tenían. Este era un viaje al futuro, uno bien agradable. Jeremy llamó a Joseph y lo invitó a tomarse un café cerca del apartamento. Hacía ya varios años que no se veían. Las preocupaciones usuales son, ¿Cómo están envejeciendo los amigos? ¿Cómo lucen? ¿Aún los reconoces? Jeremy esperaba en una mesa cuando llegó Joseph. Es alto y siempre ha usado lentes. Sus lentes lucen como el culo de una botella de cerveza. Luego de saludarlo, la conversación se concentró en saber si habían visto a los otros compañeros del bachillerato.

Joseph estaba emocionado de poder conversar sobre esa época y dijo, "No los he visto últimamente, vi a dos de ellos cuando me gradué en la Universidad."

"Yo he visto a uno de nuestros compañeros, aquel que era tan flaco y vivía cerca del liceo."

Su amigo paseó mentalmente al pasado y dijo, "Si, claro que me acuerdo de él, me monté al menos una vez en su carro, era un Pontiac Belvedere convertible, transmisión automática y dirección hidráulica, y demás características. Un carro bien bonito."

"Yo aún me acuerdo de una de nuestras compañeras, aquella de ojos verdes, tan bonita y nunca me pude empatar con ella. No la he visto nunca más. ¿Cómo estará ahora, gorda panza de agua?" Preguntó Jeremy echando bromas.

Joseph, que sabía más de la vida de la muchacha le dijo, "Si me acuerdo de ella, era verdaderamente linda. Pero sabes una cosa, que el flaco con su carro la sacó a pasear y la besó unas cuantas veces."

"No me digas esa broma, yo no tenía ningún carro bonito en esa época, mejor dicho no tenía carro, las chicas no me sonreían gran cosa por carecer de auto, supongo."

Su amigo, con dotes inesperadas de filosofía le dijo, "La vida es así, las mujeres tienen un instinto innato relacionado con los intereses económicos y de placer. Los hombres, por el otro lado están inclinados solo al placer."

La conversación continuó recordando algunos eventos, tales como haber sido castigados por defender a un compañero; uno que puso todos los bancos del laboratorio encima de la mesa y la profesora quería expulsarlo. Ya que nadie lo vio, la profesora preguntó quién lo había hecho, ella sospechaba de él. El muchacho era un hijo de un ministro del gobierno de turno que había sido expulsado ya de otros colegios. Los varones se pusieron de acuerdo, como un solo bloque de estudiantes, y expresaron que todos habían participado y así evitar la expulsión. Todos menos uno, fueron suspendidos por una semana; el único que no participó tuvo miedo por ser el primero de la lista al que le preguntaron. Jeremy recuerda cuando su madre explicaba nuestra posición solidaria en una reunión del liceo. Los profesores votaron contra nosotros, independientemente del razonamiento.

Jeremy comenzó a explicarle sus planes de comparar los juegos y la sociedad con estrategias políticas tales como socialismo y capitalismo. También le dijo que se inclinaba por un capitalismo democrático con consideraciones socialistas.

"Me parece muy bien Jeremy, por cierto, ¿has visto los juegos de la Euro Copa o los de la Copa de las Américas?"

"Por supuesto, no me los pierdo, ¿vistes los penaltis anoche? Chile le ganó a Argentina en la final, Messi estaba enojado seguramente."

Joseph estaba muy interesado en el fútbol y dijo, "Hoy quiero ver el juego de la Eurocopa: España, Italia. Comienza pronto."

"Muy bien, pero antes de que te vayas a ver el juego, déjame explicar el enfoque para demostrar las dificultades del socialismo, usando el fútbol como analogía. Digamos que una sociedad la representamos como un juego de fútbol, hay dos equipos y todos saben que para ganar hay que anotar goles. Los jugadores saben que necesitan colaborar, así como dar su mayor esfuerzo. El enfoque utilizado puede ser capitalista o socialista."

"Escucha Jeremy, una sociedad es totalmente distinta de un juego de fútbol, ¿cómo te atreves a hacer esa comparación?"

"Ya lo sé, otros amigos me lo han dicho, pero quiero demostrar que las políticas socialistas son peligrosas tanto en el fútbol como en la sociedad."

"Muy bien, ya veo, bueno, tu eres el que documentará los resultados. Estoy seguro que pondrás las cosas en contexto."

"Es solo una forma de comparar dos enfoques políticos con la sociedad usando un deporte conocido. Los capitalistas van directamente al grano, ganar el juego. Mientras que los socialistas suelen aplicar estrategias mal pensadas que se desvían del objetivo de ganar el juego."

"Los países socialistas suelen participar en la Copa Mundial y lo hacen bien, independientemente de la política. Los socialistas no han ganado nunca una copa, ¿sabías?" dijo Joseph.

"Está bien, ya veo tu punto de vista, yo sé que los socialistas no están hechos para ganar, pero déjame presentar algunos detalles más, primero." dijo Jeremy y gastó un tiempo explicando su enfoque.

"Bueno, tu sabes que soy un fanático del fútbol, suelo ver los campeonatos Europeos y Mundiales. Se bastante sobre cómo administran los equipos, como se mueven los equipos en las ligas, quienes son los dueños, quienes son los jugadores, cuanto le pagan a los jugadores, y así sucesivamente. Sin embargo, no se mucho de política." Dijo Joseph, demostrando que había pasado todos estos años trabajando solamente.

"Escucha Joseph, no se mucho de ligas y torneos ni de propietarios o jugadores. Sugiero la analogía con el propósito de entender cuál es la influencia de los puntos de vista capitalistas o socialistas en la sociedad, usando el deporte."

"El alcance de tu idea puede hacer una diferencia, sería más fácil hacer el análisis de dos equipos cualquiera jugando según las reglas, independiente de país, ligas o gerencia general."

"Eso es correcto, pero en vista de que los juegos suceden en un cierto contexto, la organización de los jugadores es importante para los objetivos" dijo Jeremy.

Joseph escuchó el resto de explicaciones sobre fútbol, parecía cansado y dijo, "Pidamos primero un café mientras reflexiono sobre todo esto. De paso, ¿sabes si se puede fumar aquí?"

"No me digas que fumas. Yo nunca comencé a fumar, lo encontré muy desagradable."

Su amigo se remontó al pasado pensando en sus padres y dijo, "Acuérdate que en mi casa mi padre era un fumador empedernido y fue mi madre la que murió primero de cáncer de pulmón. Ella no fumaba."

"Si, recuerdo que uno de tus hermanos me contó lo que sucedió."

"Es muy difícil salirse del vicio, necesito fumar todos los días."

"Ya sabes cuál es mi consejo, ¡deja el cigarrillo! De todas formas ya sé que no lo seguirás."

Después de tomarse el café, gastaron como una hora hablando del enfoque. Finalmente, Jeremy se despidió de Joseph y le prometió enviarle una copia de sus estudios sobre juegos y política.

Pasaron dos o tres semanas y Jeremy regresó a Pueblo Playero. Siguió su misma rutina de levantarse temprano, tomar el subterráneo, después el bus y llegó al mediodía al pueblo. Durante el viaje, Jeremy pensaba, "¿Por qué no me gustan los trabajos rutinarios pero adoro mis actividades diarias leyendo y escribiendo?" A Jeremy le encanta la investigación, consume largas horas leyendo, haciendo anotaciones de temas importantes y proponiendo nuevos enfoques. No le gustaban los trabajos de oficina rutinarios, tales como supervisar personal en lugar de hacer el trabajo directamente, no le agrada chequear el trabajo de otros.

Trabajó en investigación y enseñanza en la Universidad por muchos años. La investigación fue su mejor experiencia, requería creatividad, lo cual le agradaba, pero era una labor solitaria. La enseñanza del otro lado, era divertida, no era precisamente creativa, pero se sentía relajado después de la clase. Durante las clases observaba las caras de los estudiantes, unos estaban interesados en el tema, otros no tanto. Algunos estudiantes eran excelentes, para Jeremy eran los que participaban, los que hacían preguntas, que discutían el material, que inclusive lo retaban a él. Mientras pensaba en sus experiencias, y algunas de las labores aburridas que tuvo que hacer durante su vida, su mente regresó a lo que le interesaba más, deporte y socialismo.

Hay un amigo de Jeremy vive a unos 150 kilómetros de Pueblo Playero, se llama Gaudi. Ellos trabajaron juntos en la misma compañía petrolera hace muchos años. En aquella época, el país tomó el control de las operaciones petroleras, con la nacionalización de la producción y la exportación. Gaudi nació en la Hermana República pero ha vivido por muchos años en La Pequeña Venecia. Jeremy lo considera muy inteligente, es sumamente educado y de buenas maneras. Estaba a cargo del sistema de información técnica del departamento donde Jeremy era ingeniero de software.

Gaudi tenía muchos años de experiencia en computación y petróleo en la empresa. El departamento tenía unos 20 analistas y programadores dando servicio a geología y operaciones de producción. Jeremy recuerda a muchos de sus compañeros y el trabajo que se desarrollaba. El estaba a cargo de supervisar un grupo de cinco analistas para el mantenimiento de las aplicaciones de desarrollo de software. Un proyecto importante era el desarrollo de una gigantesca base de datos para la industria, tenía que reunirse muchas veces en el Ministerio del Petróleo y generar la estructura de archivos y la base de datos. Se acuerda de Gaudi ayudando durante la documentación de los sistemas de información. Había por lo menos unos 500 archivos y muchos de ellos relacionados entre sí.

Años después, cuando Jeremy estaba haciendo estudios de postgrado, visitó a Gaudi para recoger algunos datos sobre su investigación sobre la evaluación de los sistemas. Le proporcionó varios ejemplos de sistemas para ser evaluados y Jeremy pudo producir un artículo con su enfoque. Siempre le dio las gracias a Gaudi por esa contribución, siempre lo ha tenido en alta estima.

Hoy, Jeremy quería presentar sus ideas de comparar fútbol y política. Comenzaría haciendo una lista de los principales temas para definir la plataforma: reglas, jugadores, árbitros, fanáticos, así como características del socialismo y el capitalismo. El tema de la participación de los fanáticos no estaba claro. ¿Deberían los fanáticos tener importancia en la plataforma? Llamó a Gaudi y decidieron verse en la granja al día siguiente. La granja está a media hora de una ciudad llamada Puerto Espirituoso, la mayor ciudad cercana a Pueblo Playero.

Gaudi ha tenido problemas de divorcio últimamente. Parece que su hobby era viajar a la granja todos los fines de semana y su esposa no disfrutaba de su ausencia. La pareja no se puso de acuerdo para viajar juntos a la granja, y con el tiempo se enemistaron. La conclusión fue el divorcio. Gaudi se transó dando su casa de la capital y quedándose con dinero y la granja. Gaudi no estaba muy contento con el arreglo, pero le permitió continuar adelante. Piensa vender la granja y mudarse a Europa con su familia, pues tiene su madre aún viva. Es mejor que se apure, pensó Jeremy, para estar con ella un tiempo, la vida es corta. Jeremy perdió a su madre relativamente joven y siempre le hizo falta su compañía.

Para ir a Puerto Espirituoso, Jeremy abordó un 'carrito' la mañana siguiente, toma más de una hora llegar usando esos autos privados. Luego se toma otro autobús que te deja en Chagual, el pueblo cercano a la granja. De ahí hay que caminar 2 kilómetros y encuentras la granja con muchos árboles y sombra. Tuvo suerte que Gaudi le envió una motocicleta para buscarlo. La zona es famosa pues hace muchos años fue el resguardo de la guerrilla, escondidos en las montañas cercanas. La granja tiene una casa con techo de asbesto con tres habitaciones. Gaudi construía un baño nuevo en esos días.

Hay un anexo donde vive Bison, el encargado de la granja. Bison tiene una familia con su esposa y unos 8 hijos. Recibe un salario por cuidar la granja y la siembra. Además, Gaudi le pide hacer trabajos extras; muchos miembros de la familia obtienen ingresos extra ayudándolo. En una granja que no tiene ingresos, donde no hay mayores ganancias por venta de productos, Bison es el único que se beneficia. Se gana la vida, alimenta a su familia, y Gaudi es el que paga. ¿Adivinen qué? Estoy seguro que Bison quiere un pedazo de la torta, puesto que esa es la forma de pensar de los trabajadores: "He trabajado toda mi vida aquí y ¿piensa el dueño obtener todos los beneficios de la granja? Quiero al menos la mitad de la granja."

Esa es la manera en que muchos trabajadores y gente pobre ve el problema social. Creen que justicia significa que no importa cómo compró su propiedad, qué sacrificios tuvo que hacer, cuántos años de ahorros le tomó poder adquirirla; no importa si la propiedad produce beneficios o no, los trabajadores creen merecer un porcentaje pues trabajan allí. Si una propiedad produce una buena ganancia, es posible pensar en compartir con los trabajadores, pero sin nada de ingresos, no hay manera. Lo peor de todo, algunas propiedades pierden valor con los años a pesar de la inflación, el precio en dólares siempre es menor que el precio inicial y los propietarios no pueden recuperar su inversión.

"Buenos días Gaudi, ¿Cómo estás?"

"Estoy muy bien, acabo de terminar mis tareas de la mañana. Suelo cortar cantidades de monte por todo el terreno, así que tenemos bastante tiempo para conversar. Sabes que he estado pensando sobre lo que sugieres sobre deportes y política."

"Está muy bien Gaudi, hablemos sobre tus ideas y el alcance del estudio, acuérdate que estoy haciendo algo que nadie ha hecho antes." Jeremy presentó sus logros en la siguiente media hora.

"Primero que nada, dime cómo se relaciona el socialismo y el capitalismo con la analogía. Qué principios siguen los jugadores para diferenciar un enfoque socialista de uno capitalista." Dijo Gaudi, demostrando la profundidad de sus pensamientos.

Después de hablar y caminar por la granja, Gaudi invitó a Jeremy a almorzar en el pueblo. Se sentaron en un restaurante local y pidieron pollo a la brasa con casabe. Durante el almuerzo tuvieron oportunidad de seguir hablando de juegos y política. Gaudi identificó puntos importantes para incorporarlos en el enfoque. Luego del almuerzo, Jeremy decidió regresar a Pueblo Playero pues el transporte público no es muy confiable por la tarde.

Las horas pasaban y Jeremy tenía que moverse para regresar al pueblo. "Gaudi, mantén contacto, usa cualquier método de comunicación. Avísame si decides mudarte a España o no." Le prometió a Gaudi que le enviaría copia de los resultados de su estudio y se fue caminando hacia la parada de bus más cercana.

"Por supuesto que lo haré, encantado de haberme reunido contigo de nuevo. Me encanta lo que haces, te mantiene ocupado." Dijo Gaudi.

De regreso a la capital unos días después, Jeremy encontró a su vecino Prescot, que vive en el mismo edificio y es un fanático del fútbol. Jeremy le dijo, "Vamos a tomarnos un café, tengo una conversación interesante para tí." Jeremy comenzó explicándole todo lo que había investigado sobre fútbol y socialismo.

Después de cierta reflexión, saboreando su café, Prescot preguntó, "¿Hay un equipo socialista y otro capitalista? ¿O es posible que ambos sean socialistas o capitalistas?"

"Revisemos las alternativas: 2 equipos capitalistas en el terreno, o dos equipos socialistas, o uno capitalista y el otro socialista."

Prescot comenzó a mover la cabeza de un lado al otro, "Esto se puede poner complicado, hay tres alternativas, ¿crees que podemos analizarlas todas?"

"¡Probemos!"

"Jeremy, mejor hablamos luego, tengo que hacer un trabajo ahorita, nos vemos por la tarde."

Prescot ha vivido en el mismo edificio por más de 40 años, sus padres compraron el apartamento y el lo heredó. Sabe todo lo que pasa en el edificio, cuáles son los problemas, la clase de gente que lo habita, las dificultades que se han presentado en tantos años, y todo eso. Prescot es una persona muy humana, siempre trata de ayudar a la gente del edificio y siempre ha estado relacionado con las decisiones del condominio; solía pertenecer a la directiva, pero por las malas decisiones que otros tomaban, decidió retirarse. Luego que su madre y su padre fallecieron, se mudó a otra ciudad pues tenía problemas con el hermano. Prescot regresó al apartamento y se puso a elaborar tortas, pero al no encontrar ingredientes tuvo hacer lo que pudiera para subsistir, la situación económica era grave para todos.

Esa tarde sonó el timbre y allí estaba Prescot de nuevo, listo para discutir sobre las estrategias políticas y el fútbol. Se fueron de nuevo a la cafetería y Jeremy comenzó hablando de socialismo y capitalismo. El capitalismo puede definirse como una estructura donde hay libre mercado y libre competencia entre los participantes, algunos triunfan y otros fracasan. En un verdadero sistema capitalista, el triunfo es galardonado y la derrota es penalizada. El socialismo por el otro lado, tiene mecanismos que identifican situaciones de desigualdad y los participantes prósperos sienten desmejorar sus condiciones. Un enfoque capitalista reconoce que un deporte es un negocio, como cualquier otra actividad. Éste reconoce también que un balance competitivo entre los equipos crea mayor interés de los fanáticos, convirtiéndose al final en mayores ingresos. Hablar de ganancias en un enfoque socialista no tiene sentido, pero esa es precisamente una característica del socialismo, absurdidad.

Su vecino no es un conocedor de enfoques políticos y lució confundido, "Todo esto es Chino para mí, no estoy al tanto de esos conceptos políticos, pero si entiendo colectividad e individualidad que están relacionados con la política."

"Muy bien, entonces quedémonos cerca del deporte: las reglas, jugadores, directores técnicos, árbitros y estrategias de juego y yo me encargo de la relación con la política."

Gastaron un par de horas hablando de Fútbol y Sociedad, al final Jeremy quedó con una mejor comprensión de su enfoque.

Comparando Fútbol con Socialismo/Capitalismo

"Todos conocen más o menos bien las reglas, es la interpretación de ellas y las decisiones de los árbitros y jugadores lo que impacta los resultados"

"Los árbitros son los pequeños burócratas en el terreno, algo así como abogados o jueces, son los que tienen una gran influencia en los resultados del partido"

"Los Capitalistas impulsan el mérito de los jugadores, por lo tanto jugadores de calidad en el terreno"

"Los Capitalistas están motivados por la fama y el triunfo, que son valores humanos"

"Las ideas socialistas de solidaridad y lealtad son contrarias al triunfo"

"Los socialistas imponen jugadores incapaces en el terreno, solo porque son leales al socialismo, por lo tanto menos chances de ganar"

"Los socialistas juegan al mínimo esfuerzo, solo para cumplir con las órdenes del Politburó, por lo tanto menos oportunidad de ganar"

"Los socialistas van a seguir patrones muy precisos. Los jugadores se distraen pasando la bola, como hacían los jugadores de la Hermana República en los años ochenta, con el famoso jugador de greñas, sin producir goles para ganar. No es importante para los socialistas tener a los mejores jugadores en el terreno, solo los más fanáticos políticos, leales al socialismo, se mantendrán en el equipo"

"Los socialistas seleccionan a los jugadores que piensan en colectivo, jugadores leales al partido socialista. Los jugadores deben ser sumisos y colaboradores, nunca individualistas. Los jugadores socialistas deben obedecer a los líderes sin reclamar"

"Los socialistas están motivados por el control, castigando a los jugadores que no obedecen las órdenes de la autoridad"

"Los socialistas planifican el juego en demasía, esperando que los jugadores sigan el plan a todo costo"

"Los Capitalistas planean el juego, pero se adaptan al oponente, por lo tanto son más flexibles"

"Los Capitalistas juegan ambos estilos, individualista y colectivo, para anotar goles. Serán más productivos por su flexibilidad, por lo tanto meterán más goles."

"Es importante considerar la preparación de los juegos, así como las estrategias durante el juego. Tanto socialistas como capitalistas deben hacer su esfuerzo para competir"

"Los socialistas juegan el estilo colectivo, pasándose el balón uno a otro solo para divertirse, ganar no importa"

Capítulo 13: En Defensa de la Revolución Perdida

El nuevo régimen socialista de La Pequeña Venecia se auto-proclama Socialismo del Siglo Veintiuno. Ese régimen socialista ha arruinado al país de la misma forma que lo han hecho ya tantas veces los socialistas en otras partes del mundo. El Socialismo Absurdo se empeñó en atacar a los empresarios en una guerra de exterminio, la mayoría de éstos terminó en la bancarrota. El gobierno controla todas las Instituciones: el Ejecutivo, los Militares, el Sistema Judicial, el Consejo Electoral, la Salud, la Educación, las Comunicaciones, el Transporte, la Construcción, las Importaciones, las Exportaciones, el Petróleo, los Bancos, la Tasa de Cambio. Todo tiene que pasar por la burocracia gubernamental, solo La Asamblea Nacional está libre aún. Hoy en día tenemos que buscar comida haciendo colas, pasando trabajo, muriéndonos de hambre todos los días, y esperando por medicinas y servicio médico. Agreguemos a todo esto el crimen y la delincuencia que lleva años arraigada en el país.

El gobierno socialista es un caso amañado de Socialismo Parlamentario. Fue una forma fraudulenta y descarada de imponer el socialismo, disfrazados por la Constitución Democrática. Según ellos, es inevitable que la clase trabajadora sea la mayoría electoral en democracia, éstos votarían por el socialismo, y los líderes impondrán sus deseos injustificados de limitar la libertad. Es el antiguo sueño Marxista, es inevitable, está escrito en su genética, no hay alternativa, según ellos. El Pueblo debe obedecer la ley Marxista. "¡En sus sueños!" piensa Jeremy.

El líder de la revolución obtuvo el apoyo de los militares y aplastó a la oposición que reclamaba cumplir la Constitución. El objetivo era controlar todas las Instituciones con militantes del partido en el poder. Personal militar fue nombrado en trabajos de gerencia del gobierno y cobraron salarios dobles, uno con los militares y otro con la administración gubernamental. Las Instituciones Públicas castigaban a los opositores despidiendo o bajando los sueldos. Hay millones de personas afectadas por la Lista Discriminatoria, usada para identificar a los opositores. El Socialismo Absurdo es otro ejemplo fallido de socialismo, y que empeoró su situación por el sectarismo discriminatorio.

A la gente común no le importa mucho el nombre del sistema: democracia, socialismo, comunismo, anarquismo o capitalismo. Lo único que les importa es pagar sus deudas, tener provisiones, ayudar a sus hijos mientras crecen, y disfrutar de la vida, aunque sea muy poquito. Muchos son incapaces de diferenciar una democracia de una dictadura. Que las Instituciones estén secuestradas por el Ejecutivo no es su problema, ellos están ocupados ganándose un salario. ¿Por qué deberían molestarse por los ideales libertarios?

Es necesario entender la naturaleza humana, donde la complejidad es la que manda, y existen muchos puntos de vista distintos. Jeremy no soporta a la gente que esté ciegamente a favor del régimen, prefiere gente con criterio. ¿Qué tiene en la mente esa gente ciegamente obediente? Por suerte conoce familias que apoyaban antes al gobierno pero que ahora están en contra.

Es culpa de los administradores socialistas no haber construido un país próspero. La corrupción ha sido siempre identificada como la causa del subdesarrollo, pero es solo un factor entre muchos, hay razones culturales inevitables. Algunos no toman tiempo para aprender, a otros no le importa, a otros les encanta tomarlo suavemente. Durante muchos años de dictaduras y democracias, el país no mejoró como se esperaba, pero los socialistas además lo dividieron y despilfarraron los recursos peor que los otros. Una vez que tomaron el poder, establecieron la dictadura del Proletariado, usando el sistema legal a su favor y controlando todas las Instituciones. Era peor que los nazis en Alemania.

Hay escasez de comida y suministros, medicinas, servicios hospitalarios, transporte, educación y beneficios sociales en general. Hoy en día, el salario mínimo no es suficiente para subsistir, una sola persona requiere al menos tres sueldos mínimos para comprar comida por mes. A la tasa de cambio en el mercado negro, un salario mínimo equivale a 15 dolares americanos. Puede afirmarse que los problemas del país pueden seguir creciendo debido a la idiosincrasia del pueblo. Si el pueblo sigue sometido, los problemas no se resolverán. Idiosincrasia es un término que define las peculiaridades de la gente: la actitud de las personas, cómo sienten, reaccionan, y se comportan las personas. Para empeorar la situación, el gobierno prometió exagerada participación y al final el pueblo no participó ni mejoró.

La Pequeña Venecia era relativamente pobre antes de que se descubriese el petróleo. Fue un productor agropecuario exitoso antes de convertirse en exportador de petróleo. Entre los años 1920 y 1950, el país comenzó a transformarse en uno de los más ricos del mundo. Todos sabemos lo que le sucede a la gente que se vuelve rica fácilmente: no hacen mucho esfuerzo, se consumen en su propia riqueza, se vuelven flojos, no les importa mucho lo que sucede. Alguien que se gana un gran premio de lotería, usualmente se empobrece rápidamente, y luego de unos pocos años comienza a pedir limosna por las calles. Alguien que hereda una fortuna queda arruinado en unos meses o pocos años. La Pequeña Venecia sigue un patrón similar, en lugar de mantener y multiplicar la riqueza para que sus ciudadanos prosperen, el gobierno ha venido incrementando la cantidad de pobres.

Según la propaganda socialista, el socialismo es el gobierno de El Pueblo, por El Pueblo, y para El Pueblo. Todos los medios de producción están en manos del gobierno. El Estado controla y decide en todas las instancias, pero la calidad de vida no está entre sus principales objetivos. Jeremy lo sabía muy bien, todo el mundo sometido a los controles: educación, servicios médicos, transporte, producción y distribución de comida, importaciones y exportaciones, mercados financieros, oportunidades de inversión, tasa de cambio de la moneda, etc.

El régimen Socialista Absurdo de la Pequeña Venecia ha estado en el poder por 18 años manipulando la justicia y la democracia. Todas las Instituciones están al servicio del líder, no hay independencia de poderes; las órdenes del líder las obedecen todas las Instituciones. Aún con todo ese control, el gobierno fue incapaz de manejar el país, creyeron que podían derrumbar la cultura productiva sin salir afectados; ellos también pagan estos errores.

Hay quienes están aún a favor del régimen, es por culpa de ellos que el país está paralizado, ayudan a que los burócratas arruinen el país. Por qué toda esa gente todavía favorece al régimen sabiendo que es un mal administrador? Jeremy está muy intrigado al respecto, el quiere encontrar respuestas.

Cuando la democracia se derrumbaba y el Socialismo Absurdo comenzaba a tomar el poder, el líder de la revolución hablaba todos los días en la TV. Después de un par de veces escuchándolo, Jeremy recuerda haberle dicho a un amigo: "Es increíble que hayan elegido a este tipo, se elige alguien que sea intelectualmente superior a uno." Hay muchas razones por las cuales la gente simpatizaba con él. Algunos por su mezcla abundante de razas, la más abundante del país: blanco, indio y negro. Otros porque era carismático, o porque hablaba con palabras simples y directas. Otros porque estaba en contra del Imperio y alardeaba siempre de su fuerza militar. Otros porque era como ellos, viniendo de la pobreza. Jeremy pensaba que el tipo tenía problemas psicológicos y probablemente necesitaba un psiquiatra. El líder no podía soportar cara bonita en cuerpo ajeno; solía insultar a los profesionales del petróleo y otras carreras y desaprobar sus contribuciones. Era una manera insana de tratar a la gente, el era el mejor, los demás eran ignorantes.

"De todas formas, hay que entender que la mayoría de la gente del país es muy sabia, le sigue la corriente al líder. Son muy vivos, hacen negocios y obtienen beneficios siguiendo al líder, de manera que hasta sus descendientes serán ricos: políticos, empresarios y trabajadores se beneficiaron del nuevo régimen establecido" dijo un amigo a Jeremy. "Muchos políticos, empresarios e intelectuales, que se llamaban de oposición, se aprovecharon del sistema, obteniendo beneficios gigantescos."

"Los peores de todos son esos que se colocan en el medio de la disputa entre los pro gobierno y contra gobierno, llamados los 'Ni-Ni' que no están ni a favor ni en contra; demuestran que no les importa lo que ocurre a su alrededor. Al final solo quieren su propio beneficio, caminan como Zombies dentro de la destrucción." Dijo Jeremy, que no está de acuerdo con esas posiciones intermedias; se está a favor o en contra del socialismo, no hay posiciones intermedias.

Usar estadísticas, se decía Jeremy, para determinar el por qué algunos todavía apoyan al régimen no vale la pena, hay tantas explicaciones como individuos. Cada persona tiene una posición propia en relación al país; en muchos casos es personal o subjetiva, sin tomar en cuenta los problemas de los demás. Los humanos tienden a favorecer alternativas irracionalmente, mantienen su testarudez independientemente del daño que imponen a sus conciudadanos. Una cosa que siempre sucede es que en un momento dado, la gente empieza a pedir cambio; cuando no soportan al gobierno hacen todo lo posible por reemplazarlo. "Si el cambio es para bien, ¿por qué no?" se preguntaba Jeremy. "El problema es si nos equivocamos con la decisión."

Otro amigo comentaba hace un tiempo, "Es cierto, la mayoría de los individuos piensa distinto, no se ponen de acuerdo en muchos asuntos, esa es una característica de la democracia. No se debe permitir un cambio a un nuevo sistema político que vaya en contra de su cultura."

La cultura es muy importante, Jeremy estaba de acuerdo, no es una buena idea probar políticas que no han sido verificadas en la sociedad. Continuó diciendo, "La democracia no es perfecta, pero corresponde a nuestra cultura; los socialistas siguen haciendo daño queriendo hacernos cambiar nuestra idiosincrasia hacia un sistema totalitario. Es difícil salir de un mal gobierno socialista como el Socialismo Absurdo en vista de que manipula a los necesitados."

"Si quieres cambiar al gobierno, tendrás oposición de la minoría en el poder. Eso sucede en La Pequeña Venecia, el gobierno permanece contra los deseos del pueblo. Ellos prefieren una guerra antes de entregar el poder" dijo su amigo. "¿Recuerdas la Alemania de Hitler?"

Jeremy ha tenido muchas conversaciones con gente que expresa sus razones para apoyar a un mal régimen; dicen que los opositores son peores, o que le den más tiempo al gobierno para que pueda hacer algo y así sucesivamente. Jeremy tiene su propia opinión sobre la sociedad y la conveniencia de un enfoque capitalista. Solo por decir que el socialismo controla todos los medios de producción es suficiente motivo para retirarle el apoyo. El Socialismo Absurdo malsano que controla la vida en La Pequeña Venecia ha tenido un severo impacto en la vida de Jeremy y sus amigos. Lo que fue para ellos una carrera exitosa y llena de oportunidades, se convirtió en una experiencia de sangre, sudor y lágrimas.

Una de sus primeras experiencias con un defensor de la revolución fue una conversación con un hombre de la vecindad de Pueblo Playero, hace ya unos años. Ocurrió mientras tomaba café en una panadería compartiendo una mesa. En esa época, alrededor del 12 de abril, había muchas protestas debido al encarcelamiento de un famoso político opositor. La escasez estaba creciendo en el país, había muchas colas para comprar productos básicos a precios regulados.

El hombre le dijo, "Estás viendo, la culpa es de las empresas, no están produciendo bienes y servicios, quieren promover el caos y el hambre."

El hombre no se daba cuenta de que la culpa era del gobierno, que las empresas no podían producir los bienes y servicios pues el gobierno había cortado las importaciones al limitar el acceso a los dolares. El gobierno no pagaba las deudas de las importaciones por meses o años. Además, las empresas no pueden producir a precios tan bajos que no les dan beneficios. El gobierno tenía también un control férreo de los precios de venta de los productos.

El hombre, con sus pequeños ojos respondió, "Esas empresas quieren obtener dólares del gobierno en lugar de buscarlos por su cuenta. ¿Por qué no compran los bienes importados con sus propios dólares, en lugar de pedirle favores al gobierno?"

"En una sociedad abierta, las empresas compran los dólares para importar bienes, manufacturan los productos, los venden, y obtienen un beneficio en la moneda local. Posteriormente van a repetir el ciclo usando la moneda local de que disponen para adquirir dólares. Esas empresas no están obteniendo beneficios en dólares, éstos se gastan en cada ciclo." le explicaba Jeremy usando sus dotes de profesor. Un ejemplo simple es una panadería, necesitan harina de trigo para hacer el pan, el país no produce trigo, por lo tanto deben traerlo de otro lugar en el mundo. Necesitan comprar dolares para importar el trigo.

El hombre no cedía y continuo, "¿Pero por qué las empresas no usan sus propios dólares?"

"La empresas locales no están hechas para producir beneficios en dólares, pero las empresas globales sí. Las empresas globalizadas traen dólares o bienes al país y esperan que en un momento dado puedan hacer transacciones de cambio de moneda local a dólares. El gobierno debe garantizar el libre intercambio de monedas." Dijo Jeremy recordando el problema con las líneas aéreas que no recibieron el dinero por sus servicios; tuvieron que paralizar los vuelos.

El argumento podía seguir adelante sin que el hombre reconociera su error. Es la eterna posición inmóvil de los oficialistas, nunca ceden y siempre creen que están en lo correcto. Unos años después, Jeremy descubrió que el hombre era un líder del partido en el poder, de esos que defienden al gobierno aunque sea lo peor para el país. El hombre, que ya es un viejo, suele ponerse una franela con el nombre del partido en el poder; ¿Cómo puede estar orgulloso? ¿No siente vergüenza de apoyar al peor gobierno de la raza humana? Jeremy sabía que muchos de estos afectos al gobierno se benefician de una forma u otra, tienen un interés económico, no es precisamente por ideales.

Hay por supuesto unos pocos afectos al gobierno que no obtienen beneficios económicos, lo hacen pues malinterpretan la situación económico-social o son Marxistas que consideran que el capitalismo es un pecado. Muchos de ellos viven por encima del promedio, tienen ahorros o actividades productivas que les permiten vivir mejor. No les importan las dificultades que pasamos los demás. Sin embargo, la realidad es que todos estamos sufriendo la escasez de alimentos y medicinas, así como los precios altos; todos pagamos al disminuir nuestra calidad de vida.

Otra anécdota que Jeremy recuerda es la de un estudiante universitario. Era un muchacho simpático, de esos que no se meten en problema en la clase, aunque criticaba por detrás. Era un estudiante promedio que trataba de demostrar sus esfuerzos. Siempre estaba de acuerdo con las opiniones del profesor y ayudaba a buscar soluciones a situaciones conflictivas entre estudiantes. El estudiante estaba casado y trabajaba en una Pizzería. Solía viajar casi todos los años a los países vecinos, para aprovechar la política del gobierno de vender dólares baratos a los viajeros.

Un día, Jeremy y el estudiante caminaban hacia el subterráneo. El estudiante narraba sus experiencias del último viaje, que había comprado un reloj caro y unos perfumes, quizás para revenderlos. La conversación fue cambiando hacia el tema político y el estudiante le dijo que durante los años en vida del líder de la revolución le había ido bien, que podía mantener su familia y viajar él solo, una vez al año. Jeremy le dijo, si te sientes bien así, aprovéchate del gobierno todo lo que puedas pues las cosas pueden empeorar en el futuro. El estudiante sabía que Jeremy estaba en contra del gobierno, y no pareció convencido del consejo. Jeremy no lo ha vuelto a ver, pero sabe que se acordará del consejo, que la bonanza no duraría mucho.

Jeremy quería hablar ahora con otros vecinos de Pueblo Playero. Minerva, la señora que vive cerca de la casa, tiene una hermana llamada Marylu, muy motivada a conversar sobre la situación política del país. Ha sido opositora al régimen de Socialismo Absurdo desde el comienzo. Siempre se mantiene al día leyendo los periódicos, oyendo el radio, conversando con la gente del pueblo, y siempre mostrando su desacuerdo con el régimen. Pasa caminando en frente de la casa cuando va al mercado de pescado, donde trabaja. Cuando pasa de regreso a su casa, Jeremy está en su hamaca leyendo.

Jeremy ha tenido unas pocas conversaciones con Marylu y en una surgió la pregunta, "¿Por qué un mal régimen ha estado al mando por tanto tiempo?" Los representantes del Socialismo Absurdo suelen decir, "No estamos aún en socialismo, aunque queremos construirlo."

Marylu tuvo una reacción inmediata reclamando, "Imagínate, ya tienen 18 años en el poder y aún buscan la fórmula mágica. La gente de La Pequeña Venecia sufre los rigores del desabastecimiento de comida, medicinas, provisiones, servicios y esos representantes del gobierno dicen que están construyendo la sociedad socialista."

"¿No se dan cuenta de su fracaso? ¿No ven que no hay nada útil en lo que han hecho?" dijo Jeremy confortablemente.

Ella mostró su rabia y replicó, "Esa gente está ahí solo por el poder, sin importarle los resultados. No les importa el sufrimiento de la gente, solo piensan en el poder y sus beneficios."

"Es una lástima que esto haya pasado por tantos años y hay gente que aún apoya ciegamente al gobierno."

Marylu pareció poseída, sus ojos echaban chispas y añadió, "Se han robado tanta plata que no quieren que los castiguen, prefieren morir antes de que los capturen y los sentencien."

Ella no podía parar, mostró su descontento y continuó, "El Socialismo Absurdo construyó un gigantesco aparato político que ha controlado todas las Instituciones. Todo está administrado por gente cercana al régimen, no hay independencia de poderes."

Ella se sentía como pez en el agua con esta conversación y siguió dándole rosca, "Además de ser un mal régimen, hicieron un tremendo error al controlar el cambio de la moneda, llegando a paralizar la economía."

Jeremy conoce todo lo que paso con el control de cambio y añadió, "El líder de la revolución pensó que liberando el precio de los dólares significaba el colapso del régimen, que todos comprarían dólares y no habrían suficientes para transacciones internacionales."

Ella pareció un asesor financiero y dijo, "Si los controles hubiesen sido por unos pocos años, para esperar cierta estabilidad, nada hubiese pasado, pero esto lleva ya más de dieciocho años."

"Claro, asignaron dólares a la industria a la discreción del gobierno, beneficiando primeramente a los que apoyan al gobierno, convertidos en empresas fantasmas." Usaban tasas de cambio diferente, una para comida y medicinas, otra para viajeros, otra para equipos e insumos y otra para importaciones lujosas como autos y electrodomésticos. Crearon un diferencial de cambio que fue aprovechado por todos los comerciantes inescrupulosos y los que apoyaban al gobierno, y se volvieron ricos. La gente normal solo podía comprar dólares en el mercado negro.

Ella añadió, "Muchos burócratas del gobierno se volvieron ricos comprando dólares baratos y vendiendo en el mercado negro. La gente no es tonta, ven la oportunidad y la aprovechan rápidamente."

"Esa situación es típica de gobiernos con controles excesivos. Creo que la crisis tan severa del país tiene un componente muy importante en el manejo del control de cambio. Ha estrangulado a las empresas al no darles acceso a los dólares, hasta el punto de llevarlos a la bancarrota."

Jeremy preguntó, "¿Cómo piensas que es la distribución de apoyo al Socialismo Absurdo en la comunidad de Pueblo Playero?"

"Hay algunos que aún apoyan al régimen, muchos lo hacen puesto que obtienen alguna clase de beneficio. A veces obtienen préstamos y subsidios y a veces obtienen influencia política en la comunidad, a veces obtienen trabajo a tiempo parcial, y así sucesivamente. Sin embargo hay mucha gente que no obtiene beneficios y hay muchos que ya no apoyan al régimen" dijo ella.

El pensaba en términos de probabilidad y estadística, y dijo, "Entonces es la distribución normal, 25% a favor, 25% en contra y aproximadamente 50% ni a favor ni en contra."

Marylu, que no sabía mucho de estadísticas, y no entendía de donde salían esos porcentajes normales, dijo, "Esos porcentajes han cambiado dramáticamente estos tres últimos años del nuevo presidente. La distribución actual es ahora de más de 80% contra el régimen, menos de 10% aún a favor, y el resto no expresa ninguna opinión."

Ella conocía muy bien los gigantescos ingresos que recibió el país y añadió, "La buena suerte que tuvimos con el inmenso ingreso petrolero se transformó al final en mala suerte, la gente creyó que ese espejismo duraría infinitamente, los precios petroleros cayeron a mínimos históricos y el país está básicamente quebrado."

"Si el socialismo fuera una solución para la gente, y al ser probado en un país rico, hubiese sido una oportunidad histórica para mejorar nuestro país y promover el socialismo alrededor del globo. Ese fracaso es una clara demostración de que el socialismo no es una solución, es más bien una negación."

El quería saber que pasaba en el pueblo y preguntó, "Marylu, háblame sobre Pueblo Playero, ¿por qué hay aún gente que apoya al régimen?"

"No hay muchas ofertas de trabajo, hay pocas fuentes de ingreso. Como sabe, solo el comercio y la construcción tienen demanda, el resto son las oficinas del gobierno" dijo ella.

El recordó algunos vecinos que han obtenido posiciones a tiempo parcial y dijo, "Es por eso que la municipalidad contrata trabajadores en administración u ofreciendo servicios comunitarios y de guardería, financiados por el gobierno."

"Dese cuenta de algo, muchos de los que apoyaban al líder de la revolución no quieren al presidente, creen que es incapaz de administrar el país, así que hay un sentimiento en su contra que está latente," ella quería decir que independientemente de cuantos trabajos ofrezca el régimen, no iban a tener más apoyo.

El conocía de las dificultades de los pescadores del pueblo y preguntó, "¿Qué piensas de los préstamos que le han dado a los pescadores?"

"Usted sabe que mi familia tiene una empresa de pescado, hemos estado en el negocio por mucho tiempo, mi padre era pescador hasta que murió. Últimamente hay nuevos pescadores alrededor, ellos se han tomado la mayor parte de la pesca del pueblo. Sin embargo, considero que son bastante flojos, no están pescando para favorecer a la gente del pueblo, pescan solo para seguir vivos, no se esfuerzan en producir."

El notaba que no había mucho pescado en el pueblo y dijo, "¿Quieres decir que tienen botes y motores nuevos para no hacer nada? Esos botes los financia el régimen, es que no pagan por sus prestamos?"

"El pueblo no se beneficia de esa pesca, recibieron todos esos equipos para su uso particular, venden solo para sobrevivir, se perdieron nuestros reales."

Lo peor de todo, pensaba Jeremy, es la plata perdida y dijo, "Si no se cobran los préstamos aquí en el pueblo, como en el caso de esos pescadores, ¿qué esperas que suceda por todo el país con tanta plata invertida en préstamos no recuperados?"

Marylu coincidió con lo que se decía y continuó, "En el pueblo la mayoría son flojos, les falta constancia, no son capaces de trabajar a tiempo completo; de paso, esto ha sido así por siglos. Yo diría que no se le puede achacar todo al socialismo, es porque la gente es improductiva."

"Algunos dicen que cada país tiene el gobierno que merece; significa que merecemos este régimen socialista que no mejora la vida de sus ciudadanos" concluyó en tono amargo Jeremy.

El régimen era malo, Jeremy lo sabía, pero nunca pensó que las cosas pudiesen llegar a estos extremos. Jeremy está decepcionado de los intelectuales por no haber producido un análisis completo de los problemas del socialismo. Los intelectuales deben tomar el liderazgo y demostrar científicamente lo dañino que es el socialismo. Son los Intelectuales y los Filósofos los encargados de transformar el mundo en algo mejor. No dejemos nuestra civilización en manos de los socialistas, las masas tienen los ojos vendados y son capaces de autodestruirse.

Capítulo 14: Tiempos Difíciles para el Régimen

Reclamar por donde quiera que fueras era la moda: en el trabajo, con los vecinos, en la escuela, en la calle, en el subterráneo, en los supermercados, en todas partes. Pero Jeremy estaba sorprendido de que hubiese tanta gente callada, estaban como intoxicados con Burundanga, la droga que limita las decisiones. Recuerda una cafetería en el centro de la ciudad, cerca del Palacio Presidencial, donde solía tomar jugos de frutas y bocadillos. Eran los primeros años del régimen, cuando reclamaba las malas decisiones del gobierno con el dueño del negocio. Había un grupo de profesores sentados en otra mesa que observaban la conversación. El dueño le decía que le iba bien, que todo estaba bien en el país, que el negocio le prosperaba gracias al gobierno. Los profesores le aplaudieron por esos comentarios, eran profesores a favor del régimen, por lo menos en esa época.

Le molestaban esos comentarios favorables al gobierno, se sintió decepcionado. Sabía que estaba en lo correcto, que sí era un mal gobierno, el era un Niño Indigo que lo entendía todo, pero la gente alrededor no despertaba. Jeremy se enteró unos meses después que el dueño del negocio lo vendió y se fue a Europa, su tierra natal. Su conclusión fue que el dueño tenía miedo de decir la verdad contra el gobierno y se dedicó a defender su negocio, en lugar de ser honesto. Sabía que lo observaban los miembros del partido de gobierno, el negocio estaba muy cerca del Palacio de Gobierno, tenía miedo de posibles ataques y no poder vender su negocio.

Al pasar de los años, por supuesto, más y más gente comenzó a notar los desastres del gobierno y comenzaron a reclamar también. Jeremy iba a las protestas convocadas por la oposición donde hallaba consuelo con otros como él. Ha habido cientos de miles de protestas y millones de participantes. Después que falleció el líder de la revolución, la gente comenzó a protestar más fuertemente, por suerte la revolución murió con él. Hay que protestar mas fuerte para salir de este régimen. Los últimos tres años han sido un desastre, la escasez de comida y medicinas y los malos servicios hospitalarios están perjudicando al público. La expectativa de vida ha disminuido, muchos se enferman y mueren por falta de medicinas.

Personalmente, Jeremy se sentía afectado por la escasez puesto que se auto-infligió una dieta muy severa. Era como el caso de la auto-censura de la prensa, muy común en esa época. Jeremy se castigó a sí mismo, comía cada día menos y seguía una dieta repetitiva, no hacia colas para comprar alimentos regulados. Jeremy no tenía acceso a las comidas más comunes, tales como, harina de maíz, mantequilla, huevos, mayonesa, aceite, y café. No encontraba tampoco jabón, desodorante, papel higiénico, ni detergente. Unas semanas después, consiguió huevos, pagando caro, por supuesto. Consiguió carne, pollo y vegetales, pero los precios eran siempre altos, aumentaban por lo menos un 25% semanal. Su presupuesto comenzó a resentir los efectos de la inflación y comenzó a restringir sus gastos de comida; tenía que comprar cantidades mínimas de carne y solo podía comprar queso blanco del barato. Encontraba jamón, pero solo compraba pequeñas cantidades. Quedó afectado por la falta de medicinas, necesitaba pastillas para la presión arterial y el colesterol, tuvo que vivir unos meses sin ellas; no encontraba medicinas en las farmacias.

Comenzó a perder peso rápidamente. Su dieta era la siguiente: para el desayuno, avena con agua y polvo de soja, queso blanco con casabe y café. En el almuerzo, un trozo de pollo frito empanado, vegetales hervidos, plátanos y casabe. Para la cena, unas veces el pollo empanado con vegetales, y otras veces queso blanco con casabe. Perdió más de diez kilos en un par de meses.

Los humanos tienden a culpar a otros por sus problemas, Jeremy es humano también, culpó al gobierno de todo lo que sufría. La escasez de comida fue suficiente razón para cambiar su estilo de vida. En Europa, se comía un desayuno muy simple, cereal, pan o croissant con mantequilla y café. En Norteamérica, un desayuno común es simplemente pan con mantequilla de maní y café. La mantequilla de maní tiene mucho mas proteínas que el queso blanco, por lo tanto Jeremy se estaba desnutriendo poco a poco. En La Pequeña Venecia, solo conseguía avena mezclada con agua y polvo de soja, casabe y queso blanco con café. En La Pequeña Venecia, el desayuno común era arepa con mantequilla, queso, jamón, y café, pero ahora no había ni harina. Jeremy sabía que su dieta era mejor que la que daban los alemanes a los Judíos, pero de todas maneras perdía bastante peso como los Judíos en campos de concentración.

Es una lástima ver a la gente parada en las colas temprano en las mañanas, esperando los camiones que se suponen llegan al mediodía. A veces, los camiones sí llegan, pero otras veces no aparecían. El enfoque del Socialismo Absurdo es ofrecer precios bajos para los productos regulados y forzar a la gente a hacer colas, para demostrarles quien es el que manda; mientras tanto, a los que no hacen las colas, le son negados esos productos, el mandatario los castiga. Lo peor de todo, ahora traen paquetes de comida para los que se anotan en la lista; la lista incluye solo a esos que identifican los socialistas en la comunidad, en este caso a la discreción del partido en el poder. El Socialismo Absurdo es un enfoque que promueve listas: La Vieja Lista Discriminatoria y La Nueva Lista Discriminatoria. La discriminación ha sido el arma más peligrosa del socialismo pues castiga a mucha gente.

Hace unos diez años atrás, Jeremy recuerda a un profesor que le preguntaba sobre las posibles razones que tenían los ciudadanos para apoyar al Socialismo Absurdo. Jeremy estaba sentado en la oficina diciendo, "Mucha gente obtiene ingresos con proyectos financiados por el gobierno, hay otros que reciben ofertas de trabajo a tiempo completo y a tiempo parcial. El gobierno obliga a los bancos a disponer de recursos financieros para préstamos al público. El gobierno ha creado una burocracia gigantesca con esos proyectos y la gente no cumple con las deudas, por ejemplo."

El profesor respondió, "Creo que la economía sí tiene un impacto en el apoyo de la gente, si la economía está floreciente, la gente está feliz. No olvidemos los precios altos de petróleo por tantos años, el gobierno gastó mucho dinero construyendo una red de colaboradores usando el ingreso adicional. La gente se conforma con poco."

El coincidía, "Es una lástima que vivamos en un país donde lo importante es solo sobrevivir. Hay otros que disfrutan solo haciendo chistes de lo absurdo del gobierno pero que no participan en las protestas. No les importa lo que otros sufran."

Sin embargo, las dificultades económicas y de salud están creando un rechazo gigantesco al gobierno. El Socialismo Parlamentario ha demostrado lo ineficiente que es, la gente prefiere regresar a un simple Capitalismo Democrático, donde la gente pueda vivir, comer y estar saludable. Mucha gente está pasando hambre y algunos se mueren de enfermedades comunes.

La Jerarquía de Necesidades de Maslow es un buen ejemplo de cómo se comporta la gente según sus necesidades. El primer grupo de necesidades es fisiológico, son las básicas: las urgencias de comida, liquido, sueño, oxigeno, sexo, libertad de movimiento, y una temperatura moderada. Cuando alguna de estas escasea, la gente siente las incomodidades del hambre, sed, fatiga, falta de respiración, frustración sexual, confinamiento, o la incomodidad de estar muy frío o muy caliente. El resto de las necesidades de Maslow se organizan según: Seguridad,

Amor, Afecto, y Actualización propia. Cuando las personas satisfacen un nivel de necesidades, pueden moverse al nivel siguiente.

Los cincuenta años de la democracia tenían a la gente ondeando entre niveles de necesidades en forma desorganizada. La democracia no resolvió los problemas pero mantuvo a la gente tratando de mejorar. El Socialismo Absurdo por otro lado, ha empujado a la gente debajo del primer peldaño en la escala de Maslow. Hoy se vive para tratar de satisfacer las necesidades fisiológicas. Pregunten a esas personas haciendo cola si buscan mejorar sus conocimientos. La gente busca lo básico, el tiempo se gasta en actividades de supervivencia, están en modo supervivencia, así como hacían nuestros ancestros Neandertales y Cromañones.

Recientemente, el Ministro de la Defensa ha sido encargado de la distribución de alimentos en el país; esa no es una responsabilidad de los militares, hay generales en contra de esas medidas populistas. Los radicales quieren tomar todo el poder en el país, aplastando a la oposición. El Poder Legislativo no es del gusto del presidente y los radicales quieren cerrar el congreso. No está claro si los militares desean tumbar al gobierno, pues han estado disfrutando del poder a su antojo y muchos se han beneficiado directamente.

Al comienzo del régimen, la gente sentía una especie de bonanza, no había desabastecimiento, podían viajar, hacer turismo y comprar equipos electrónicos. Sin embargo, todos esos años estuvieron plagados de inestabilidad, protestas y huelgas. Fue justo bajo el mandato del presidente que la economía se reventó, el sufrimiento se manifestó en largas colas y desabastecimiento. La baja producción alimenticia ha golpeado a la población estos últimos años. Es un país que vive en condiciones de post-guerra, preparándose para la guerra.

Mientras Jeremy reflexionaba sobre todos esos casos de mal manejo del país por culpa de un grupo de izquierdistas radicales, se presentaron una serie de eventos sorpresivos. Todo comenzó con una serie de protestas a comienzos de la primavera del 2017 en la capital, el Tribunal Supremo de Justicia intentó apoderarse de la Asamblea Nacional a través de unos decretos imprudentes y anticonstitucionales; podía considerarse como un golpe de estado. La gente pedía la renuncia del presidente y cambiar al gobierno. Se fueron presentando múltiples protestas en los meses siguientes, causando inestabilidad en el país. Unos pocos meses después, el otoño trajo las noticias de que había un golpe militar en varios estados del país. La gente esperaba que los nuevos líderes tomaran el poder y las cosas empezaran a cambiar, salir del régimen y que la situación económica y social finalmente mejorará. Jeremy esperaba que se acabara con el régimen socialista y se regresa a una Democracia Capitalista Social.

Un golpe de Estado militar era imposible, el régimen gastaba recursos desmesuradamente para tener a los militares bajo control. Sin embargo, las noticias eran claras, grupos rebeldes habían tomado los fuertes militares del lado este del país, incluyendo La Isla de las Flores en el noreste. Jeremy pensaba que debido a que el gobierno era de estilo cívico-militar, no había posibilidad de cambiarlo mientras los militares apoyasen al régimen.

Según algunos, el este del país fue tomado por líderes de la oposición, controlando La Isla de las Flores y con soporte internacional del Gigante del norte y Europa. No están claros los nombres de los líderes y no se conoce su paradero. Lo que sí se sabe es que ese grupo de rebeldes está en contra del Socialismo Absurdo y que están bien armados. Parece que hay unos cuantos destructores y un portaviones alrededor de La Isla de las Flores, listos para actuar en caso de necesidad.

Al mismo tiempo, el lado oeste del país fue tomado por las fuerzas armadas, gritando contra el presidente y apoyando al segundo al mando. Ese tipo estaba tratando de sacar del poder al presidente. Parece que el país está dividido en tres o cuatro partes: una todavía controlada por el presidente, en el centro, y las otras controladas por rebeldes en el este, oeste y sur. Los rebeldes del sur controlan el arco minero que está siendo explotado a nivel internacional. Hay rebeldes que se atribuyen a la oposición y otros que son sectores desbandados del partido en el poder.

El gobierno le dio mucho poder a los militares, incluyendo los campos petroleros, el arco minero, el banco central, la importación y exportación, la distribución de comida y la infraestructura. Esa política de asignar las materias delicadas a los militares, indica que su hegemonía ha venido progresando. El presidente está aún en el poder ya que controla el Banco Central y las reservas de oro ubicadas en la capital. Adivinen quien está sufriendo: El Pueblo. El hambre aumenta y no hay políticas para resolver los problemas. No se sabe cómo resolverán los asuntos, ¿quizás con una guerra civil? ¿Una dictadura totalmente declarada? ¿Colapsará el país en múltiples piezas?

Las estaciones de radio transmitían música clásica y un mensaje del gobierno afirmando que tienen totalmente controlado el país: los soldados rebeldes serán aplastados y encarcelados. Parece que hay alrededor de diez mil soldados implicados en el golpe. Jeremy siempre pensó que el líder de la revolución tenía planeado tomar el poder por la fuerza bruta en cualquier momento. Todos sabemos que venía del sector militar, donde las cosas se resuelven por la fuerza. Hace años fracasó con un golpe militar, y utilizó su popularidad para ganar las elecciones presidenciales. Sus aliados han estado siempre preparados para actuar usando la fuerza. ¿Qué pasaba ahora, quién estaba detrás del golpe?

El presidente invitaba a su gente a tomar las calles para demostrar apoyo al gobierno. No se ha dicho donde se encuentra el presidente, parece estar en lugar seguro. El presidente se venía aislando de los radicales del partido de gobierno. La ventaja del presidente es que no ha sido capturado y que está libre y capaz de comunicarse por celular con sus seguidores para que tomen las calles y se enfrenten a las tropas con tanques aunque los maten. Debido a que muchos soldados ubicados en la capital evitaron matar gente, el golpe no procedió como se esperaba y el presidente recuperó el poder. Sin embargo, el país ha quedado dividido en por lo menos cuatro bloques.

Estaba asustado, un golpe militar en ciernes y no tenía comida ni medicinas. El agua corriente era limitada por las condiciones climáticas y las restricciones impuestas por el gobierno. La electricidad faltaba algunos días de la semana por las mismas razones. ¿Sobreviviría a esta penuria? Jeremy estaba en mala posición, estaba solo en el apartamento de la capital, no tenía a nadie a quien llamar. No tenía familia alrededor, todos los que conocía estaban luchando por la comida y medicinas, nadie podía ayudarlo. Los vecinos del edificio no eran particularmente amables, solo pensaban en ellos; la comida que encontraban la guardaban en sus apartamentos y nadie abría las puertas cuando les tocaban. Jeremy sabía que morir de hambre suele tomar unos cuantos meses, el cuerpo toma de sus reservas y nos mantiene vivos; siempre hay algo que ingerir, agua o algo que masticar.

El caso de que nos priven de sueño es peor que carecer de comida, la gente puede morir en una semana; el cuerpo no puede manejar el desorden neuronal en el cerebro. Jeremy pensó que si había sobrevivido hasta el momento, era difícil que muriera de hambre. De todas formas, no tenía problemas durmiendo, no le faltaba el sueño. Sin embargo, en tiempos difíciles, cualquier pequeña enfermedad puede ser suficiente para quitarte la vida. Había muchos ejemplos de gente muriendo en los hospitales por dificultades asistenciales o médicas. Había gente que no podía ser operada por no haber reactivos para determinar la enfermedad; muchas clínicas carecían de los insumos médicos para tratar enfermedades comunes.

La protesta contra el presidente había crecido más y más. Su impopularidad no es casual, no ha acertado en sus políticas y la gente paga por eso. No está claro si el golpe prosperará o no, muchos líderes militares están en contra del gobierno y desobedecen al presidente. La situación debe cambiar pues el hambre, la falta de medicinas y servicios está aniquilando a la población. Hay que hacer algo ya, la paciencia no es una solución. Jeremy quisiera conocer un militar de alto rango y hacerle valer su punto de vista contra el gobierno y pediría la renuncia del presidente ya, o por lo menos que se realice el referéndum para unificar al país.

Decidió salir, a pesar de la situación delicada, para ver si encontraba algún negocio abierto para comprar comida. Se vistió y bajó por las escaleras, el ascensor no funcionaba, bajar ocho pisos le causaba dolor en sus débiles rodillas. De pronto escuchó sirenas a todo volumen y unos camiones militares pasando cerca. Jeremy se escondió lo más rápido que pudo dentro del edificio y cerró la puerta. Esperó unos instantes a ver si los soldados iban a detenerse. Por suerte, los camiones siguieron avanzando y desaparecieron fuera de vista. Jeremy salió y comenzó a caminar hacia las calles principales, notó que los almacenes estaban cerrados. Era muy temprano y la mañana estaba oscura. Sintió miedo, no sabía qué hacer, ¿debía seguir caminando o regresar al edificio? Finalmente, decidió seguir hacia la Plaza Libertador cercana.

Mientras caminaba, pensaba sobre la situación social, política, económica, hambre y escasez; estaban relacionados sin ninguna duda. El problema era que tenía hambre, ya no le importaban los problemas del régimen, ni si el gobierno se mantenía o no en el poder, solo quería buscar algo de comer, para estar seguro de que sobreviviría un día más. Para Jeremy, la situación era peor que la que pasaban otros civiles, el estaba en el país por periodos cortos de tiempo, no acostumbraba almacenar provisiones y le disgustaba hacer colas para comprar productos regulados.

La mala nutrición había afectado mucho a Jeremy, perdió peso y se sentía débil muchas veces. Se había impuesto una dieta, relacionada con la escasez, que le producían efectos devastadores en su fortaleza. Era incapaz de pensar claramente, empezó a olvidar muy fácilmente ciertos eventos cotidianos. Se le olvidaba cerrar la puerta con llave, dejaba ollas de agua hirviendo en la cocina, no sabía dónde había puesto la cartera la noche anterior. Lo único que mantenía en su memoria era la necesidad de comida y medicinas, se había olvidado de sus seres queridos, de sus responsabilidades, de sus amigos. Estaba obsesionado con el hambre; una arepa con mantequilla era su sueño más frecuente. No conseguía harina de maíz, solo los que hacían colas tenían derecho a comprarla, y tuvo que reemplazar el pan por casabe. Se acordaba de los desayunos tan sencillos en Europa, cuando visitaba a su familia: pan con mantequilla y café, y se sentía lleno. Con lo que le gustaba una arepa con mantequilla y no conseguía por ningún lado.

En La Pequeña Venecia no se encontraba ni siquiera una proteína tan simple como la mantequilla de maní. La falta de proteínas está haciendo que la gente se sienta débil físicamente y mentalmente. El año pasado todavía se conseguían los maníes con concha a precios altos, pero últimamente no se consiguen, son importados de Norteamérica. La gente está vaciando los supermercados; un día compraba avena y tenía un par de paquetes de 500 gramos en la mano, antes de pasar a la caja, de pronto, docenas de personas entraron y compraron toda la avena que quedaba. Lo único que ha encontrado consistentemente es casabe; parece que la gente no está tan interesada en comprarlo, pero eso puede cambiar en el futuro.

Mientras caminaba, distinguió a cierta distancia otra gente que iba hacia la Plaza Libertador. Cuando estaba a una o dos cuadras, sintió un zumbido en sus orejas, vio la sombra de algo moviéndose rápidamente, era como un cohete, en ese momento no supo que era. Miro hacia los edificios por si alguien le tiraba piedras desde los balcones. Se acordó de la mala experiencia que tuvo cuando era adolescente, le tiraron una roca gigante desde un edificio en la barriada del 23 de enero. La roca se reventó a unos dos metros de sus pies. Su padre le dijo que se moviera rápido y se fueran, nunca más regresaron a esa barriada.

De pronto comenzó a notar unos puntos negros en el tope de los árboles, eran cuervos agrupados en posición agresiva. Vio a un cuervo volando bajo hacia la gente que caminaba, tratando de picarlos. Los árboles estaban llenos de cuervos, se acordó de la película 'Los Pájaros' de Alfred Hitchcok. A Jeremy no le agradaban esos pájaros, eran rudos y fríos, no demostraron simpatía hacia los humanos. Se acordó también del poema 'El Cuervo' de Edgar Allan Poe, 'The Raven,' en inglés, un bello poema que habla de los cuervos, siempre con desconfianza, 'Nunca Más.' Esos pájaros devoran una carroña en pocos minutos.

Los cuervos son bastante inteligentes, pueden completar tareas en el primer intento, comparados con otros animales que nunca logran completarla. Las civilizaciones antiguas creían que los cuervos eran mensajeros del diablo; cuando están alrededor, la muerte es la regla. Los cuervos son carroñeros, pero necesitan la ayuda de otros animales para abrir los cuerpos; llaman a otros animales con su canto y atraen la atención. Jeremy se imaginó a un cuervo que le picaba el ojo y se lo vaciaba, era desagradable. Jeremy estaba asustado. ¿Sería que los cuervos tenían hambre por la escasez en el país? ¿Podrían atacar tus ojos y dejarte ciego? ¿Podrían sacarte los ojos? Estábamos en épocas difíciles, los cuervos eran los mensajeros de la muerte y el peligro, el futuro no era promisorio, iban a pasar cosas en el país, se avecinan eventos peligrosos. ¿Es que Jeremy sería afectado por esos eventos futuros?

Hay varias clases de cuervos, hay unos que solo existen en América del Norte y otros en América del Sur. Estableció que los pájaros eran más bien mirlos, que son más pequeños que los cuervos y menos inteligentes. Se sintió asustado de todos modos, esos pájaros voladores lucían peligrosos y estaban por el tope de los árboles en actitud amenazadora.

Según las últimas noticias oficiales, la gente se reunía en las Plazas Libertador del país para apoyar al gobierno. Jeremy no veía mucho movimiento en las cercanías, pero escucho algunos hablando del golpe, "Parece que el segundo al mando, ya sabes, ese bicho raro, que siempre insulta a todos los políticos de oposición, el capitán ex-militar, que ha estado detrás del poder por muchos años, está detrás del golpe, pero nadie sabe dónde está." Debido a que fue oficial, tiene simpatía de los militares; parece ser un radical, capaz de establecer un régimen cruel para aplastar a la oposición.

La gente que estaba en la plaza no lucía agresiva, aunque había algunos que llevaban la franela con el nombre del partido de gobierno. Jeremy sabía por experiencia que tenía que tener cautela, si decía cosas contra el gobierno podía significar pleito. No estaba lo suficientemente fuerte como para pelear, se sentía mareado, tenía hambre; el hambre es contagiosa, viendo a los demás te aumenta los deseos de disminuirla. Recordaba que hace años, hablaba contra el líder de la revolución y la gente no lo veía con simpatía. Hoy la gente que estaba alrededor no apoyaba ni repudiaba al régimen, lo que preguntaba es que va a pasar con los suministros de comida. Antes del golpe ya había problemas, ahora la escasez sería mucho peor.

Antes de la muerte del líder de la revolución, Jeremy gritaba, "¡Que viva el líder! ¡En la Isla!" Una vez muerto decía "¡No volverá! Esta muerto!" Imitaba el eslogan de los oficialistas contra la oposición diciendo, "¡No volverán!" La gente que estaba a favor del régimen no apreciaba los chistes de Jeremy, tenían una obsesión con el finado líder. Era un amor insano por el líder; según Jeremy, ese líder no merecía nada de amor.

Las últimas noticias oficiales reportaban, "Ha habido un levantamiento militar, pero no sabemos quién lo comanda. Una vez determinado quienes son los oficiales, vamos a actuar de forma contundente contra ellos. El Imperio Americano está detrás del golpe, el capitalismo quiere acabar con la revolución." Muchas ciudades están en manos de los rebeldes en el este y el oeste del país. En el sur, los rebeldes están en un área mucho más amplia debido a que los campos mineros están distribuidos.

Se ha oído explosiones fuertes en la capital, aviones de combate sobrevolando el cielo, y disparos en las afueras de los recintos militares. No es la primera vez que un golpe militar ha dañado al país; hace años el líder de la revolución dio un golpe, y lo pusieron preso por unos cuantos años. Después, vino el desastre de su gobierno, el peor de la historia humana. Parece que los rebeldes querían atacar al presidente y cayeron algunas bombas luego de su partida. El presidente evitó la muerte por escasos minutos. Varios soldados en helicóptero entraron a su casa veraniega cerca del aeropuerto para capturarlo, usando cuerdas y disparando, justo después que el presidente desapareció.

Alrededor de una docena de individuos han sido asociados con el golpe; pero en La Pequeña Venecia es difícil distinguir entre un enemigo real y un competidor político. El presidente no demoró gran cosa en purgar la jerarquía militar. Las autoridades han dicho recientemente que centenares de oficiales, soldados y otros sospechosos, relacionados al golpe, han sido arrestados.

Hasta el momento, el gobierno controla los medios, por lo que las noticias están prejuiciadas. Si el país está dividido, la probabilidad de hambre aumentará de manera exponencial. Jeremy no había nacido para sufrir tanto, su cuerpo no era lo suficientemente fuerte y carecía de las medicinas necesarias para mantenerse saludable. Aunque estaba sentado en la Plaza, sus piernas comenzaron a temblar, no podía detenerlas, bailaban sin control, no tenía más control de su cuerpo, una fuerza externa se había apoderado de él.

Es bien conocida la existencia de milicias y Tupamaros que favorecen al gobierno y que pueden atacar en cualquier momento. Esos grupos han sido armados por el gobierno y han colaborado con el presidente para que mantenga el poder; parece que centenares de soldados y oficiales han sido ejecutados en las calles cercanas al Palacio Presidencial. Jeremy recuerda la gente muriendo en las calles por ser opositores al régimen. El 11 de abril fue un ejemplo patético de la criminalidad de los oficialistas. Bandas criminales le dispararon a la gente y nunca fueron perseguidos.

Preguntó si era posible conseguir algo de comer. Una señora le dijo que esperara hasta las 8am, que iban a abrir el abasto, y vio gente haciendo cola. Avanzó hasta el abasto y se colocó en la cola. Preguntó a otra persona, "¿Sabe qué ofrecen hoy?" Le dijeron, "Parece que traen pollo. Es mejor tener algo de proteínas guardadas, en caso de que no las veamos más."

Se quedó esperando hasta el mediodía, se reventaba de hambre. Llegó un camión y empezó a bajar cajas de pollos. Pagó un precio bien caro por el kilo, casi un mes de sueldo mínimo, pero le garantizaba unos pocos días de supervivencia. Siguió caminando hacia el apartamento y compró un croissant de jamón y queso y un café en una panadería; se lo comió rápido escondido, para evitar que se lo robaran, y también como celebrando que aún estaba vivo. Una vez en el apartamento, preparó el pollo para almacenarlo en el congelador, y dejó un par de piernas de pollo para el almuerzo de ese día.

Capítulo 15: Secuelas con Tiempos Duros para la Gente

Unos días después del comienzo del golpe, cerraron estaciones de televisión y periódicos opuestos al régimen o cambiaron las directivas. Muchos periodistas y editores han perdido sus trabajos y los usuarios de medios sociales e Internet que criticaban al presidente o al gobierno han sido apresados. El gobierno ha sugerido insistentemente que una banda de opositores de bajo nivel fue la que promovió el golpe, pero un reporte y la lista de figuras militares ligadas al complot sugiere que el problema es más profundo. Por lo menos 150 de los 360 generales y almirantes del país han huido hacia La Isla de Las Flores, hacia La República Independiente del oeste, o hacia el Arco Minero del sur. Parece que el complot fue mucho más amplio de lo que sospechaban originalmente y existen divisiones muy marcadas en las fuerzas armadas. Tal parece que los rebeldes contra el régimen han venido invadiendo las grandes ciudades al este, oeste y sur del país.

Definitivamente, el país está dividido al menos en cuatro partes, el presidente en el centro, apoyado por la Isla y el resto de las fuerzas armadas. Tienen control del aeropuerto y principal puerto, lo que les permite obtener provisiones y suministros. Controlan los recursos comunicacionales, incluyendo las estaciones de radio y TV, teléfonos y transmisión de datos. Los rebeldes en el este han tenido apoyo internacional, y siguen comandando sus fuerzas armadas. En el oeste, las cosas lucen diferentes, el segundo en comando parece tener suficiente apoyo, pero no hay noticias de cómo les va y qué clase de apoyo están teniendo. El oeste está considerando separarse del país, un deseo muy viejo de la población local. El oeste incluye las más ricas provincias, las que producen petróleo y la región Andina, rica en agricultura y ganadería. Parece que son los países no alineados que los apoyan: Zimbabue, Irán, y Corea del Norte.

Las noticias desde el sur no son claras, parece que están al cargo una banda de codiciosos, interesados en apoderarse del oro y los diamantes y capaces de matar a cualquier opositor. Oficiales militares recién nombrados tomaron el poder y controlan el río Orinoco y los estados al sur. Reciben sus provisiones y suministros por el río, probablemente desde Guayana.

Mirando el mapa, cada pieza del nuevo país tiene recursos naturales para explotar. Parece que el partido en el poder había planeado esta estrategia ya hace años, cuando el líder de la revolución estaba vivo. Fue una estrategia sugerida por los dictadores de la Isla para mantener a toda costa su supremacía en Suramérica. En vista de que la Isla no tiene recursos naturales, y sabiendo que La Pequeña Venecia es rica y dividiendo el país en zonas autosuficientes era una buena alternativa para mantener su dominio.

Los civiles comenzaron a mudarse a cada una de las zonas de acuerdo con sus preferencias políticas o liderazgos. Hay una frontera exactamente en Pueblo Playero entre el centro y el este. Jeremy quería ir al pueblo para cuidar la casa. El problema era que si iba, no podría regresar a la capital. Además, no sabía que pasaba en el pueblo. ¿Quién controlaba el pueblo, los rebeldes o el presidente? No sabía qué hacer. La otra posibilidad era regresar a Norteamérica con sus hijas, pero no salían vuelos, los aeropuertos estaban cerrados, solo permitían la movilización de los militares.

Decidió llamar al pueblo, tuvo que acercarse a una oficina telefónica, y así saber qué pasaba. Habló con Marbella y le preguntó qué posibilidades tenía, "Aquí las cosas no están claras, unos días están al mando los rebeldes pero otros días son las fuerzas del presidente."

"Marbella, ¿sabes si es posible llegar y quedarme en la casa?"

"Si puede cruzar la frontera, puede quedarse en la casa, de cualquier forma usted tiene las llaves, en otro caso es mejor que se quede." Dijo Marbella sonando asustada.

Fue a averiguar si los autobuses trabajaban esos días. Tomó el metro hacia la estación de autobuses, notó que la estación estaba casi vacía, solo había autobuses viajando a destinos cercanos. Le dijeron que el siguiente fin de semana habría autobuses saliendo hacia la frontera y que solo llegaban al pueblo y se regresaban el mismo día; no podían seguir la ruta hacia el este. Decidió probar a ver cómo le iba.

El sábado próximo se fue bien temprano en la mañana a la terminal y ya había una larga cola de gente esperando. Ya llevaba unas dos horas esperando cuando a las 8 am se paró un autobús y la gente comenzó a entrar a empujones. Pagó lo que le pidieron, no tenía sentido protestar los precios, lo tomaba o lo dejaba. El precio fue cinco veces más caro de lo normal, la moneda había perdido más de 100 veces su valor, se iría como fuese.

El autobús se detuvo varias veces en el trayecto pues los militares inspeccionan y piden identificación. Luego de nueve horas de viaje, triple de lo normal, llegó al pueblo. Eran como las 6 de la tarde y tenía hambre, caminó por el pueblo y pasó por casa de Marbella.

"Hola Marbella, ¿cómo te va?" dijo Jeremy apurado.

"No muy bien, pero viva, las cosas están de locura estos días, ya la gente no puede hablar más de política por aquí. Usted sabe, yo siempre había estado a favor del régimen, pero ahora estoy en contra. No sabemos quién está al mando. Es una gran desventaja estar en plena frontera entre rebeldes y gobierno."

El no podía creer lo que oía y dijo, "Imagínate, siempre has sido pro gobierno y yo siempre he estado en contra. ¿Crees que haya repercusiones contra la gente, por sus posiciones políticas?"

"Claro que sí, algo va a pasar, mejor vaya con cuidado. Hay una guerra en ciernes para liberar al país."

El no entendió bien el comentario sobre liberar al país. ¿Era liberarlo de los socialistas o liberarlo de los rebeldes? Tenía hambre y decidió comprar algo de comer, encontró casabe y unas latas de sardina picantes, suficiente como para vivir un día más. Regresó a la casa y comenzó a comer de manera desesperada, estaba más nervioso que otra cosa, pero no sabía porque. Tomó una ducha, ya estaba oscuro y decidió regresar al pueblo para comprar algunas provisiones, compró vegetales y huevos, junto con unas galletas; suficiente para chuchear algo en la noche y la mañana siguiente.

Esa noche estaba demasiado cansado, nueve horas de viaje fue demasiado fuerte. Se acostó relativamente temprano, alrededor de las 10pm, no tenía ganas de hablar con nadie. Después de medianoche oyó unos ruidos, eran como pisadas ruidosas, se levantó para observar. Vio soldados en la calle, parecía que buscaban gente de casa en casa. Oyó ruidos fuertes en la puerta, golpeando y gritando. No tenía alternativa, abrió la puerta, no le temía a nadie; no había hecho nada malo, ni siquiera había lanzado una bomba 'Puputov' a nadie, esas bombas llenas de mierda que se volvieron famosas con la represión del gobierno. Los soldados le dijeron que tenían que verificar su identidad. Les mostró la cédula. El soldado se la llevó y fue a hablar con otro oficial. Había pasado un rato cuando el oficial le dijo, "Venga a la Comisaría, su nombre está en la lista de opositores."

Llego a la Comisaría y el comandante lo comenzó a interrogar, "¿Estas en favor o en contra del presidente?"

Sabía que los tiempos eran difíciles, sus pensamientos iban y venían, ¿Qué debo decir? Mejor no digo nada porque estos son militares, ellos solo obedecen órdenes. La verdad era que estaba contra el presidente, pero no había hecho nunca nada malo. Después de un silencio que parecía una eternidad, Jeremy contestó, "No estoy en contra de nadie, soy un intelectual, quiero ser filósofo, escribo libros sobre la sociedad. Quiero vivir en una mejor sociedad, quiero que todos prosperemos."

El comandante parecía conocerlo bien y le dijo, "Escuche, según la información que poseemos, y lo hemos venido observando todos estos años, sabemos que lee muchos libros en su hamaca, y que está complotando contra el régimen. Ha estado entrevistando gente todos estos años y conocemos su posición contra el régimen socialista. Sabemos lo que piensa del gobierno, nuestro sistema de información se actualiza diariamente. No aceptamos más disidentes en nuestro territorio. Usted no criticará más nunca al gobierno. ¡Larga vida para el fallecido líder de la revolución!"

Jeremy, que se molestaba por todo rápidamente, replicó, "No estoy de acuerdo, no he hecho nada malo. ¡Permitan que hable con un abogado!"

El comandante lo observó con una sonrisa y respondió, "Parece que usted no entiende, la ley marcial está activada, podemos encarcelar al que queramos, cuando queramos. Usted ha tenido suerte hasta ahora, moviéndose libremente a donde ha querido. Debió ser encarcelado hace muchos años, pero la gente del pueblo lo protegió por ser un intelectual o algo así como una clase de pensador o filósofo."

El comandante le dijo que el agente No. 8 fue quien lo denunció, "Parece que usted juega bingo y el agente notó su falta de afinidad hacia el régimen y dio su nombre a la agencia de contrainteligencia."

"¿Agente No. 8?" preguntó Jeremy, "No conozco quién pueda ser ese agente."

"Tendrá mucho tiempo en el calabozo para pensar quien es nuestro agente, no se preocupe. No es culpa nuestra que usted sea adicto al juego."

Lo metieron en una celda sin ventanas. Había por lo menos 10 personas en un espacio de 3X3. Había un olor desagradable en el aire, como de excremento podrido, ese tipo de olor que no explota en la nariz, pero que tiene un efecto perturbador para la concentración. Puesto que no había luz, no podía reconocer quienes estaban dentro de la celda.

Alguien comenzó a hablar, "Ahora te toca a ti, es una lástima que te encarcelen."

Reconoció la voz, era Charlie, "Mis ojos ya están acostumbrados a la oscuridad, te tomará unas horas antes de que te habitúes. Tengo aquí como dos semanas. No te preocupes, nos deben liberar en cualquier momento, cuando los rebeldes recuperen el pueblo quedamos libres."

"Hola Charlie, que bueno que eres tú, me siento más tranquilo, por lo menos conocer a alguien aquí dentro."

Se quedó hablando con Charlie como unas dos horas. Se enteró que pasaba en el pueblo y en el país. Parece que el golpe fue motivado por la negativa del gobierno de aceptar el referéndum para salir del presidente. La comunidad internacional no estuvo de acuerdo con el régimen y decidieron dar apoyo a unos militares disidentes que estaban dispuestos a embarcarse en la aventura. Charlie le explicaba que el régimen recibe apoyo de la Isla y algunos países caribeños y sudamericanos, esos que han recibido petróleo barato en los años del finado líder de la revolución.

Jeremy conocía la mayor parte de las noticias del golpe, sus dudas eran personales y preguntó, "¿Por qué estamos presos sin haber hecho nada?"

"Parece que el régimen tiene apoyo del G2 de la Isla, el servicio de contra-inteligencia. Ha venido siguiendo a los disidentes, de la misma manera que hacen en , y construyeron una base de datos con información personal. La misma gente que conocemos en nuestra vida diaria estuvo a cargo de enviar la información; era una manera de ganarse una plata adicional. Saben todo lo que hacemos y decimos, por ejemplo, todas tus entrevistas sobre los juegos y el socialismo fueron grabadas. Inclusive tus juegos de bingo y los reclamos a los organizadores eran conocidos por el gobierno."

Lució sorprendido, toda su investigación era conocida por el gobierno, evidentemente están en contra del conocimiento y preguntó, "¿Significa que ellos saben de todos mis estudios analizando lo malo que es un régimen socialista?"

"Claro, están al tanto de todo lo que haces, tienen oídos por todas partes. Parece que dijiste algo sobre el bingo y el socialismo que no les gustó para nada. ¿Sabes que si te mandan a la capital, pueden hasta ejecutarte?"

Jeremy, como buen intelectual, pensaba que las ideas no deberían perseguirse de esa manera, y solo pudo decir, "No lo puedo creer. Es increíble que un régimen este en contra del conocimiento y castigue a sus ciudadanos así. Si el socialismo no funciona, es mejor que lo sepan de una vez, no se enreden en ideas políticas atrasadas, avancen hacia mejores enfoques que tomen en consideración la idiosincrasia humana."

"Jeremy, ponle atención, el gobierno sabe todo sobre ti. Saben que libros lees mientras te meces en el chinchorro. Saben lo que piensas y lo que todos pensamos. Parece que en la Isla son expertos en la lectura telepática de la mente. Un médico de la Isla es capaz de saber lo que piensas aún sin hablar."

Preguntó sobre el agente No. 8. Charlie le dijo que no sabía nada de eso. Jeremy le contó que mientras jugaba bingo tuvo un intercambio con un vecino porque el número 8 estaba saliendo con mucha frecuencia, quizás fue él que lo denunció. Charlie le dijo, "Por eso es que no es buena idea participar en juegos de azar, la gente que te rodea no es confiable."

Desprendimiento de Retina

Justo cuando el golpe se estabilizaba y el país se dividía en cuatro partes, Jeremy sufrió su desagradable desprendimiento de retina. Había rumores de que todo era una invención del presidente para mantenerse en el poder, los cambios estaban ocurriendo para que todo siguiera igual.

Recuerda haber tenido síntomas de virus con mucha congestión nasal. ¿Cuáles eran las posibles causas del desprendimiento de retina: un virus, mala alimentación, falta de medicinas o debilidad? Recuerda haber tomado algunas pastillas para el resfriado, unas que trajo cuando viajó desde el norte. Pero no le produjeron ninguna mejora.

Otro prisionero le sugirió, "¿Por qué no tomas unas pastillas que tenemos, contienen Acetaminofén, son buenas para el resfriado común y otras infecciones virales? Voy a decirle a otro compañero que te dé un par de esas."

"Bueno, voy a probar, he tenido congestión nasal por largo tiempo y no se me quita. Las pastillas que he venido tomando también contienen Acetaminofén pero no he tenido una mejora apreciable."

El compañero le trajo un par de pastillas y se tomó una esa noche. Notó que no pudo dormir bien; sintió que la pastilla no le hizo bien, pero la siguiente noche se tomó otra. Recuerda haber tenido en esos días una inflamación en la nariz, probablemente causada por las pastillas, fue el peor sangrado que ha tenido en su vida. Dejo de hablar por el sangrado; tuvo que usar servilletas para evitar mancharse la camisa.

La peor cosa fue que al mismo tiempo comenzó a notar la cortina oscura en su ojo y pensó que era causada por las pastillas y el sangrado. La sangre se diluyó con las pastillas y causó el desgarro. Fue después que supo que tuvo un desprendimiento de retina, pero en el momento culpó a las pastillas. La última vez que Jeremy se las tomó, algo extraño pasó, los síntomas de la gripe desaparecieron inmediatamente. Por lo menos todo ese sangrado tuvo un fin y el malestar terminó, la consecuencia fue el desprendimiento de retina por supuesto.

La pérdida de vista de su ojo fue gradual, en tres o cuatro días tenía una cortina negra en la mitad del ojo izquierdo. Recuerda que cuando leía el periódico en la nueva celda tuvo dificultad leyendo las letras más pequeñas, tuvo que ponerse cerca del periódico y encontrar una fuente de luz. Tenía visión periférica solo del lado izquierdo del ojo, en el centro y a la derecha veía negro. Jeremy gastaba bastante tiempo viendo su cortina negra en frente de una fuente de luz. Veía figuras interesantes, parecían células una al lado de la otra, cada una con una forma hexagonal, era la retina pegada al ojo. Unos días veis figuras parecidas a un coliflor en arreglos psicodélicos.

Le mencionó el problema de ojos al comandante, pero éste no le hizo caso, "Creo que estas bien, hablas, caminas y comes. No te preocupes mucho."

"¿Has oído del libro 'A través del espejo' de Lewis Carrol?" Le preguntó Jeremy a Charlie. Pensaba leerlo debido a su desprendimiento de retina mientras estaba en la cárcel. Estaba más bien viendo a través de una cortina. Estaba ciego legalmente del ojo izquierdo, por suerte no necesitaba leer ni escribir o manejar un auto. Comenzó a preocuparse por el desprendimiento pues todos le decían que debía ver al doctor lo más pronto posible, "Puedes quedarte ciego si no lo haces."

Charlie le dijo a Jeremy que había leído sobre el desprendimiento de retina en Internet y que la recomendación era actuar lo más pronto posible, "Escucha, en cuanto tengas una oportunidad, vete a la capital y busca ayuda médica."

Por la falta de medicinas y comida, Jeremy culpaba también al gobierno. No conseguía sus pastillas para la tensión alta ni las del colesterol, era difícil encontrar pastillas para el resfriado. Pensó que la falta de medicinas le causó el problema del ojo. Preguntó a los doctores más adelante sobre el desprendimiento, le dijeron que era más bien hereditario, o relacionado con la edad, pero quedó con sus dudas. Otra cosa que recuerda es que recibió un pelotazo hace años en su ojo izquierdo jugando squash; es posible que una serie de eventos, seguidos por cataratas, le hicieron debilitar su ojo. Hay un momento, después de sufrir tanto, que la gente se obsesiona con lo que le sucede y culpa al gobierno.

Llevaba en prisión más de dos semanas cuando los rebeldes tomaron de nuevo el pueblo, era una posibilidad de recuperar la libertad. El comandante de los rebeldes era un hombre maduro, vestía unos pantalones vaqueros y una camisa amarilla, mostraba simpatía hacia los disidentes presos. La mañana siguiente, todos los prisioneros fueron alineados fuera de las celdas. El comandante revisaba cada uno de los informes de los prisioneros, dejados por los militares del gobierno. Cuando le llegó el turno a Jeremy, el comandante le dijo que su cara le era familiar y le preguntó dónde vivía cuando era niño, como de 10 años. Jeremy le contestó diciendo que vivió en la capital, en la Urbanización del Santo Bernardo, cerca de la Montaña Preciosa. El comandante le dijo, "Mi nombre es Wilson, yo viví en esa Urbanización también cuando era niño, muéstrame tu mano derecha." Jeremy le mostró la cicatriz y el comandante dijo, "Que bien, eres tú Jeremy, te acuerdas cuando jugábamos juntos y venías a la piscina. Que agradable verte de nuevo."

Más tarde, ese mismo día, el comandante Wilson le dijo, "Según los registros gubernamentales, has venido participando en un complot contra el presidente. Te recomiendo que no regreses a la capital mientras el presidente siga en el poder, parece que hay ley marcial y estas en peligro, te pueden hasta fusilar. De todas formas te felicito por tener la fortaleza de pelear intelectualmente contra el régimen. Patriotas como tú son los que necesita nuestro pueblo, esos que publican sus ideas y permiten que el mundo se entere de lo que pasa en La Pequeña Venecia. No dejes de mencionar mi existencia en tus escritos."

Le dio las gracias al comandante Wilson y le aseguró que escribiría una nota sobre él en sus próximos libros. Estaba libre de nuevo, que sabroso es moverse a donde quieras ir. Jeremy no olvidaría jamás al comandante Wilson, le aconsejó cómo proceder en el futuro demostrando un entendimiento sorprendente de la problemática del país. Le aconsejó dejar el país si tenia familia fuera, los siguientes años iban a ser exageradamente duros para soportarlos.

Jeremy regresó a la casa y revisó lo que sobraba de comida. Los huevos y los vegetales estaban podridos, pero el casabe y las galletas estaban comestibles. Puso la basura en una bolsa y la colgó afuera. Salió a comprar provisiones, solo lo suficiente para un día o dos. Estaba decidido a irse a Norteamérica con sus hijas, Wilson se lo recomendó varias veces, no quería quedarse legalmente y realmente ciego. Tenía que moverse rápidamente, la situación del país era delicada. Se enteró de que había varios aeropuertos funcionando en el este del país. No podía regresar a la capital, el gobierno lo ejecutaría o lo pondría de nuevo en prisión; no aprecio su primera experiencia en la cárcel. Empezó a averiguar cómo conectarse a Internet y usar su teléfono. Era un milagro que estos servicios estuvieran aún disponibles con una guerra en ciernes.

Una vez conocidos los aeropuertos que funcionan, pudo hacer una reservación para volar en los siguientes días. Compró su billete por Internet y pagó con su tarjeta de crédito internacional; solo tuvo que esperar un par de días para salir. Tomó el autobús al aeropuerto del este, ubicado en una de las ciudades principales. Había militares en el camino pero no tuvo problemas de retraso. El viaje de regreso a norteAmerica fue una aventura, aterrizando en aeropuertos cercanos y esperando uno o dos días por la conexión. Estaba ya acostumbrado a pasar trabajo, el régimen socialista era experto en hacerle la vida difícil a todos, no solo a los ricos, sino a todos, incluyendo también a los intocables: los pobres.

Fue intervenido quirúrgicamente una vez que regresó con sus hijas. La operación de Láser requiere una inyección de gas dentro del ojo, para mantener presión en la retina, para que ésta se mantenga en su lugar. La inyección de gas es dolorosa, pero es solo un pinchazo. El gas permanece dentro por unas siete semanas; Jeremy veía su mundo a través de la burbuja de gas. La operación de Láser la hacen un par de días después; es muy dolorosa, es equivalente a 30 inyecciones del gas. Funciona como una máquina de soldar, pegando los desgarros y colocando la retina en su lugar. Jeremy quedó en shock luego de la operación, sentía ganas de vomitar, ganas de ir de vientre, no encontraba una buena posición para sentarse, estaba irritado. La operación fue por la tarde, el viaje de regreso a casa era de un par de horas, e iban a cenar con la familia que lo acompañaba antes de tomar la carretera.

En pleno shock dijo, "Por favor paren en una farmacia, necesito algo para el dolor." Se tomó un par de pastillas y esperó dentro del auto solo, mientras su familia entraba al restaurante. Espero unos 20 minutos y comenzó a sentirse mejor, después entró al restaurante para unirse a su familia en la cena.

En la cita siguiente a la operación, el doctor le dijo, "La burbuja es su mejor amiga, descanse lo más que pueda acostado del lado derecho, para que la burbuja presione la retina." Es casi increíble que una operación relativamente sencilla, aunque dolorosa, te ponga débil y te obligue a descansar para recuperarte. Jeremy estuvo de reposo unas seis semanas, todo el tiempo acostado del lado derecho; veía televisión o dormía, su esposa lo ayudó todo el tiempo, era su ángel de la guarda. No podía salir a caminar como lo hacía anteriormente, eran tiempos duros, no podía hacer nada de ejercicio. Salió con su esposa solo unas pocas veces al banco o a comprar algunas provisiones. Luego de dos meses de convalecencia comenzó a realizar sus actividades normales.

Su visión mejoraba con el paso del tiempo, pero luego de siete semanas, todavía veía las imágenes más pequeñas por el ojo izquierdo, comparado con el derecho. Con un poco de imaginación, Jeremy pudiese escribir un libro 'Viendo a través del gas.' Jeremy espera renovar sus lentes para continuar sus actividades normales: leer y escribir libros. Ahora hace todas sus actividades normales, tales como caminar, hacer ejercicio, ir al supermercado, leer sus correos, hacer pagos en el banco, escribiendo párrafos del libro y así sucesivamente.

Las razones del desprendimiento de retina no están totalmente claras. Según algunos doctores está relacionado con la edad y también con las cataratas. Jeremy fue operado de cataratas en el ojo izquierdo hace 20 años y también le operaron el derecho hace 9 años. Otras razones del desprendimiento, pensaba Jeremy, eran causadas por virus. Comenzó a investigar por su cuenta y averiguó que el ojo es una de las áreas del cuerpo que no es patrullada por células del sistema inmunológico. Quizás las reacciones iniciales a los virus causan inflamaciones que dañan órganos como la retina. Estaba convencido que un virus fue el causante de su desprendimiento independientemente de lo que los doctores dijeran.

La falta de medicinas para la tensión alta y el colesterol serían menos factibles como causa de desprendimiento. La falta de comida o una dieta estricta tampoco. La culpa es del gobierno, ellos anularon la productividad en el país. Sin embargo, todas estas dificultades se manifiestan de diversas maneras y perjudican a la población del país; a unos por los malos servicios, a otros por la delincuencia, aún a otros por la economía, y así sucesivamente. No es justo dejar sufrir a la gente durante tantos años solo porque el gobierno quiere atornillarse en el poder. El Socialismo Absurdo fue incapaz de resolver los problemas de escasez, es un régimen que merece desaparecer.

Ahora, desde un sitio seguro en Norte América, Jeremy escucha la radio por Internet y sigue al tanto de lo que sucede en La Pequeña Venecia. La situación sigue siendo la misma, un país dividido haciendo sufrir a la gente una fatalidad inmerecida. El mapa del país lo muestra dividido en cuatro bloques, pero Las Montañas Andinas desean separarse también. Esta región no concuerda con el oeste productor de petróleo y se quieren separar. Las Montañas Andinas son una región muy independiente y auto-suficiente que siempre ha deseado funcionar soberana. El único problema es el acceso al mar, están en discusiones para poder comerciar atravesando el lago más grande del mundo.

Pensaba en el esfuerzo que había puesto estudiando la relación entre la sociedad y los juegos y la plataforma o modelo para estructurar esa noción. Las palabras claves en toda sociedad son justicia, producción y prosperidad. La justicia envuelve equidad, ley y orden. Producción incluye todas las actividades requeridas por una sociedad para beneficiar a sus ciudadanos, tal como suministros de comida, medicinas, el transporte, la educación, la salud, los artefactos, y múltiples servicios. La prosperidad es una medida de las mejoras que obtiene la gente viviendo en sociedad. Los principales actores en la comunidad son los ciudadanos. Hay otras consideraciones como la infraestructura, la tecnología y la recreación.

En los juegos, hay nociones importantes sobre reglas y justicia. Todos los juegos tienen reglas que definen el propósito y el alcance. La justicia define las condiciones para ganar. Los deportes tienen sus árbitros para ayudar a interpretar las reglas y tomar las decisiones acertadas en cada evento. El concepto de producción en los juegos significa que hay jugadores en el terreno o en el tablero que ejecutan las acciones; ellos son los que manejan los resultados. Los fanáticos representan una clase particular de actores que pueden tener voz en algún momento.

Un aspecto importante para comprender la sociedad es diferenciar un enfoque socialista de uno capitalista. ¿Qué hace a una sociedad socialista diferente de una capitalista? ¿Tienen objetivos distintos? ¿O es que los medios son diferentes? Toda sociedad debe dar prosperidad a sus ciudadanos, independientemente del enfoque político. Una sociedad que no progresa está condenada a fracasar.

Los objetivos de cualquier sociedad deben ser similares, sin embargo, según el enfoque político hay diferencias definitivas: los puntos de vista individuales y colectivos, así como, la ganancia puramente financiera y el falso bienestar ofrecido por los socialistas. El socialismo tiene serios conflictos teóricos y prácticos: no ha demostrado todavía su factibilidad en ninguna parte; las sociedades socialistas suelen ser autocráticas, forzando a los ciudadanos a seguir sus ordenes; las colectividades nunca han demostrado productividad, más bien son improductivas; los gobiernos socialistas manipulan a los empleados públicos forzando a obedecer las ordenes del partido de gobierno.

Notas Finales

El viaje nos ha llevado hasta el final del trayecto, se trataron muchos temas, hemos compartido bastante conocimiento distorsionado. A pesar de la cantidad de conocimiento distorsionado discutido, fue posible aclarar muchas desventajas del socialismo; estamos a un paso de establecer como conocimiento universal la inviabilidad del socialismo. El conocimiento distorsionado de los individuos hace que tengan su propia interpretación de los hechos; los argumentos han sido convincentes. Esperemos que haya sido útil; al menos podemos reflexionar con mejores argumentos. Los seres humanos difieren más de lo que pensamos que se parecen.

Jeremy criticó a casi toda la sociedad del país, nadie está asegurado, todos son culpables; por supuesto, la generalización no es buena en ningún caso, pero señala la tendencia real. Recordemos que Jeremy es un niño Indigo, el ve las cosas más claras que ningún otro ser humano. Por ser tan sensible, sentía la discriminación a flor de piel, así como la represión del régimen castigando y matando a tantos muchachos jóvenes que no merecían morir en esas condiciones. El sabía que el socialismo no era solución, que lástima que la gente se dejara engañar con ese enfoque político con tendencia matriarcal y religiosa.

La analogía entre enfoques políticos y juegos fue de utilidad para demostrar lo absurdo que es el socialismo. El interés de las personas les hace aceptar sistemas injustos, el juego de bingo informal demostró esa tendencia. Por otro lado, el socialismo aplicado irónicamente al fútbol indica lo absurdas que son las estrategias políticas socialistas en un deporte; lo mismo sucede en la sociedad, utilizar el socialismo ha traído ruina al país, es un enfoque decadente que nunca ha debido ser una alternativa.

La situación del país es para llorar a moco suelto, cada vez son más los que recurren a expresarse con lágrimas, incluyendo los efectos de las bombas lacrimógenas. Jeremy ha llorado unas cuantas veces en su vida, pocas veces fuertemente, otras levemente y otras imperceptiblemente. Recuerda haber llorado fuertemente cuando murió su madre, hace 34 años, y cuando leyó el libro 'El Diario de Ana Frank,' hace un año, y averiguó el infame destino de la adolescente. Imperceptiblemente ha llorado muchas veces al ver una película o enterarse de algún hecho injusto o por algún familiar que pasa trabajo. Levemente ha llorado al enterarse de la muerte de la pequeña hija de un amigo asfixiada en un incendio, o al enterarse de una enfermedad terminal de un amigo, y varias veces por la situación del país; una vez lloró a fines de los años 70, se daba cuenta de que el país no evolucionaba hacia una sociedad prospera. Actualmente ha llorado al darse cuenta del inmenso deterioro que afecta a la población con el Socialismo Absurdo.

Las jornadas de Jeremy demuestran con argumentos simples que el socialismo debe ser borrado de la base de conocimientos conceptuales de la humanidad. Las sociedades ultra controladoras no producen progreso. Usar la noción abstracta de colectividad para forzar al individuo a perder su libertad no tiene sentido. El colectivo solo tiene sentido cuando todos, el cien por ciento, están de acuerdo con, o les conviene, una alternativa; el término grupo debe usarse para aquellos que aprueban la alternativa y solamente a ellos los afecta, los demás no tienen porque sufrir consecuencias. Paren de usar colectividad para obligar a todos a ir por el mismo camino torcido.

Los intelectuales no han estado a la altura de las necesidades de la sociedad. Es fácilmente demostrable que el socialismo no es viable, pero los intelectuales no han publicado los argumentos convincentes que hacen falta. La sociedad requiere de filósofos que tomen el mando de la humanidad, no debemos permitir charlatanes en el poder. La complejidad de la sociedad debe ser estratificada, identificando los grupos que merecen consideración. La justicia social requiere demostrar que cada grupo tiene verdaderas oportunidades; hasta el presente, el tráfico de influencias ha eliminado la igualdad. El conocimiento es importante para participar en una sociedad justa, donde el individuo hace su esfuerzo y logra por sus méritos un espacio en la cadena de valores.

El socialismo solo tiene de Social el nombre. No es cierto que el socialismo sea para el bien de los pobres. Los pobres se vuelven más pobres bajo el socialismo. Los socialistas necesitan fabricar pobres pues en caso contrario nadie los apoyaría. El mayor error es querer generalizar en nombre del colectivo, que todos seamos iguales, que todo sea manejado por el Estado, teniendo una sola verdad, y así sucesivamente. Es científicamente demostrable el fracaso del socialismo, no hace falta que traten de probarlo en la práctica perjudicando a la humanidad.

Jeremy es tan solo un caso de tantos millares que sufren las atrocidades de la improvisación socialista. Ha habido demasiados ensayos socialistas en el mundo que han hecho sufrir a la gente con discriminación y escasez; son suficientes lecciones de injusticia para la raza humana. El socialismo no funciona, nadie necesita control total del Estado. Está claro que los más necesitados son los que apoyan al Socialismo Absurdo, por favor hagan su lavado de cerebro, la libertad es mas importante, el socialismo es la envidia al triunfo, nos aplasta a todos por igual.

El capitalismo, en una sociedad democrática, aunque no es una solución completamente satisfactoria, sigue siendo una alternativa factible.

Hay que hacer ajustes en una sociedad Capitalista Democrática, para que ésta sea más humana, productiva y beneficie a la gente, y no para el servicio de un grupo de amasadores de fortunas. Una Sociedad Capitalista Social es una mejor solución al retrógrado Socialismo Absurdo.

Una consideración importante es la cultura, los enfoques políticos deben establecerse para ayudar a mantener y mejorar los principios y valores de la sociedad. La cultura debe evolucionar a su propio ritmo, no debe haber una imposición socialista. No es muy inteligente forzar a la gente a una cultura totalmente diferente de la que están acostumbrados. El socialismo es un enfoque totalmente distinto, que no cala con la cultura de nuestro país, por lo tanto no es viable. La Pequeña Venecia tiene su propia cultura, arraigada por muchos años, que no vengan a molestarnos con enfoques inútiles.

Los principios socialistas defienden la visión de los pobres, "Nadie debe ser pobre aunque todos lo seamos." Los socialistas no aprueban la variedad, no aceptan que haya algunos con riqueza y otros menos ricos; no aceptan que unos sepan más que otros. Creen que la naturaleza humana acepta ser inferior humanamente o económicamente que otros. La naturaleza humana debe ser tratada con sus defectos y virtudes. La gente es diferente, la motivación no es la misma, el comportamiento no es el mismo; no es justo aceptar una sola visión del mundo que aplique a todos por igual sin considerar las capacidades de cada uno.

Los principios socialistas solo promueven el primer nivel de la Escala de Maslow, donde la gente vive para sobrevivir. Claro, sobrevivir y flojear, esos son los objetivos socialistas, nada de trabajo. Los socialistas promueven la entrega de trabajos para todos, aunque no estén preparados para ejercerlos; creen en las jerarquías planas donde los obreros pueden ser los gerentes sin las habilidades requeridas.

Los socialistas alaban al régimen de la Isla sin darse cuenta de que la revolución no benefició a El Pueblo; la dictadura socio-comunista de la Isla transfirió la riqueza de los ricos a sus burócratas, solo se benefició el partido en el poder, El Pueblo aún espera. Lo mismo sucede en La Pequeña Venecia

Sobre la Gente
- La gente acepta los malos gobiernos por interés: unos por dinero, otros por poder, otros por fama, otros por testarudez
- Los pobres aplaudieron la perdida de poder adquisitivo de la clase media; hoy día pagan caro por su propia falta de poder adquisitivo
- La gente pudiente es muy arrogante, no colaboran con la sociedad como podrían

- Los intelectuales, que saben lo negativo del socialismo, no han escrito para la gente, solo han escrito para sus colegas
- La gente no entiende ni estudia el propósito de la vida; así como se debe contribuir a la sociedad, se debe luchar por una sociedad mas justa que no sea socialista
- La gente nace con su personalidad, no hay manera de cambiarla. Por eso se oye decir que se nace liberal o pesimista o cualquier otro adjetivo, pero el conocimiento nos abre los ojos
- El comportamiento humano debe ser y será el principal determinante para establecer la estrategia política adecuada
- Si desean cambios contra el sistema establecido, no deben buscarse utopías, sean realistas
- Hay algunos que no quieren aprender, son tercos, piensan que ya lo saben todo; no quieren hacer esfuerzos para aprender
- La gente no está interesada en ideologías políticas, solo les importa sobrevivir
- Deben buscar la felicidad según Daniel Gilbert: sexo, música, ejercicio y charla, y mucho más que eso
- Muchos viven el día a día, sin preocuparse por lo que pasa a su alrededor
- La gente no toma tiempo para leer y estudiar los límites del socialismo o del capitalismo
- Quieren que los políticos les resuelvan los problemas, y los políticos a su vez quieren que la gente se los resuelva a ellos

Sobre la Sociedad
- Los objetivos de la sociedad deben ser independientes de los enfoque políticos; no dejemos que la política interfiera con una sociedad bien administrada
- Toda sociedad debe tomar en cuenta la Jerarquía de Maslow para determinar si lo están haciendo bien
- Producción y justicia deben ser los principales objetivos de la sociedad, dando las mismas oportunidades a todos según la capacidad de la gente
- Las sociedades deben tomar en cuenta al individuo como el principal ente transformador de la sociedad
- La sociedad debe evitar promover a la colectividad como una única entidad; grupos de personas con las mismas necesidades deben establecer sus propios objetivos, posiblemente distintos de otros grupos

Sobre la Democracia
- Es injusta; la reglas del 50%+1 no es la solución a los problemas de la humanidad
- Debe revisarse para que sea útil
- Permite que los charlatanes lleguen al poder
- Deben evitarse los Concursos de Popularidad
- La gente requiere mucha más información para hacer una buena selección
- Es solo el comienzo, no es un fin
- Democracia y Filosofía deben agrupar sus fuerzas para mejorar el mundo

Sobre el Socialismo
- Es absolutamente autoritario, obligan a la gente a obedecer las órdenes, imponiendo sus criterios centralistas burocráticos
- Es discriminador, castiga a los que disienten del régimen
- En el país nunca ha habido una revolución, el Pueblo se dejó llevar por interés y no por convicción
- Esta basado en la envidia, quitarle a los ricos para darle a los pobres; en lugar de promover el trabajo y el mérito
- Promueve el criterio de que si tu tienes y yo no tengo, entonces mejor que nadie tenga
- Es absurdo y ridículo; lo demuestran los ejemplos y la experiencia
- Es una vergüenza que los intelectuales hayan sido tan flojos para demostrar la no viabilidad del socialismo; los científicos y los filósofos tienen una oportunidad de oro para demostrarlo
- Es contrario a la libertad
- El trabajo y la productividad no son sus objetivos
- No promueve la innovación, es retardatario
- Promueve gente incapaz, que no le interesa el conocimiento
- No está relacionado con ayudar a los pobres, tal como sugieren
- Es una estrategia definida por una minoría solo para tomar el poder
- Favorecen la lealtad y minimizan el mérito de la gente
- La justicia está hecha en términos del colectivo, aplastando al individuo.
- La colectivización de la sociedad solo trae pobreza puesto que se trunca la iniciativa del individuo
- ¿Quién establece los criterios colectivos del socialismo? ¡Un grupo de burócratas!
- Aman controlar la vida de los individuos, pero no controlan el rendimiento del gobierno

Sobre el Capitalismo
- Tiene consideraciones autoritarias en vista de que el empresario contrata al trabajador para que realice las labores que se le ordenen; sin embargo, es preferible distribuir la autoridad en la población y no concentrarla en unos pocos burócratas
- Promueve la libertad del individuo y de la empresa
- Impulsa el mérito
- Requiere ser regulado
- El 'Capitalismo Puro' va en contra de la prosperidad de todos
- El 'Capitalismo Puro' no resolverá los problemas del mundo, se requieren estrategias sociales conjuntas con el capitalismo
- Se requiere un tipo de 'Capitalismo Productivo' para generar trabajo y prosperidad para todos
- Hay que definir y proponer el Capitalismo Social

Lecturas Recomendadas
A Theory of Justice, John Rawls
The Republic, Plato
Capital, Karl Marx
On Human Nature, Edward O. Wilson
The Sane Society, Erich Fromm
Complexity, The emerging science at the edge of order and chaos, M. Mitchell Waldrop
Communist Manifest, Karl Marx and Friedrich Engels
Life is what you make it, Peter Buffet
Thinking Fast and Slow, Daniel Kahneman
The Blink, Malcolm Gladwell

Epilogo

La situación política de La Pequeña Venecia sigue siendo muy difícil, el régimen no quiere retroceder ni un paso permitiendo una salida electoral a tiempo para cambiar al presidente. Ni siquiera Lenin habría permitido esa inamovilidad, el decía: primero un paso atrás para después dar dos hacia delante. El régimen sigue adelante hacia el precipicio, el Socialismo Absurdo es tan ciego que no entiende el peligro de su estupidez, todos vamos a pagar por sus incongruencias. Cuando la tortilla se está quemando por un lado, hay que voltearla, no hay otra salida. El gobierno debe marcharse.

En la ultima visita a La Pequeña Venecia en 2017, la situación es cada vez peor, la represión es brutal, lanzan bombas lacrimógenas vencidas que afectan los pulmones y gargantas de los vecinos que viven cerca de las manifestaciones, claro está, los vecinos van a responder con bombas 'Puputov'; la gente busca comida en la basura, nunca se había visto eso; la gente haciendo largas colas para comprar pan; la inflación gigantesca será de por lo menos 800% este año, se necesitan al menos cuatro salarios mínimos para alimentarse; muchos alimentos no se consiguen y los que hay cuestan un ojo de la cara; quieren eliminar el billete de 100 pesos sin dar razones y no terminan de traer los nuevos billetes de 500, 5000, 10000 y 20000 pesos. El gobierno esta embarrado, pasa de un problema a otro sin resolver ninguno.

La represión ha sido exagerada, y lo peor es que el gobierno a permitido que sigan muriendo tantos jóvenes de forma inmerecida, pareciera que el gobierno tiene algún interés oscuro para que hayan muchos muertos y así mantener el poder por la fuerza. Ahora con el cuento de la Asamblea Constituyente creen que se van a perpetuar en el poder; los errores del gobierno han sido demasiado evidentes, solo van a demorar su caída. Esta represión puede considerarse como un crimen de lesa humanidad, castigado a nivel internacional, los cabecillas del gobierno serán castigados cuando caigan, esperemos que sea pronto. Por suerte, hasta el presente, no ha ocurrido un golpe de Estado militar; en caso de que sucediese, significaría un baño de sangre.

Los militares estarían contentos si las predicciones del libro se cumpliesen, ellos seguirían siendo los que mandan; ha sido por culpa de ellos que el país sigue sin rumbo, han debido ser más honestos. Sin embargo, la vida en el país tiene las mismas dificultades de una post-guerra. Y está claro que hay una guerra en ciernes. La gente continúa su lucha por la supervivencia; las libertades políticas y las actividades diarias están limitadas, una dictadura mantiene el poder y no hay solución en el futuro cercano.

El mes de noviembre trajo la mala noticia de la elección de 'El Rubio' como nuevo presidente del Gigante del Norte y la buena noticia del fallecimiento de 'El Barbudo' en la Isla. Todos sabemos que la elección de El Rubio representa un salto atrás no solo para los norteamericanos sino para el mundo. Esperemos que no se produzca una tercera guerra mundial. Ahora dicen que todo es un aguaje, que todo lo que prometió no lo cumplirá, pero entonces los que votaron por él ¿qué dirán? En cuanto al Barbudo, la crítica no es solo por los miles de muertos y los millones que sufrieron su mala estrategia, sino porque después de más de 50 años en el poder, no hay ninguna mejora palpable en su país.

Mientras escribía la traducción del libro al inglés, francés y español, tuve un accidente; se me cayó la computadora y no quiso encender. Por suerte, conozco de estos aparatos y pude adquirir un convertidor de datos para copiar el disco duro en otro dispositivo. Finalmente, le hice una reparación al disco y la computadora revivió. Fue un alivio poder continuar con mi trabajo hasta el final.

www.ingramcontent.com/pod-product-compliance
Lightning Source LLC
Chambersburg PA
CBHW051757040426
42446CB00007B/415